农村九年一贯制学校管理实践探究

金育宏 ◎ 著

上海社会科学院出版社
SHANGHAI ACADEMY OF SOCIAL SCIENCES PRESS

图书在版编目（CIP）数据

农村九年一贯制学校管理实践探究 / 金育宏著.
-- 上海 : 上海社会科学院出版社, 2024. -- ISBN 978-7
-5520-4419-5

Ⅰ. G725；G639.22

中国国家版本馆 CIP 数据核字第 20247S3T92 号

农村九年一贯制学校管理实践探究

著　　者：	金育宏
责任编辑：	路　晓
封面设计：	裘幼华
出版发行：	上海社会科学院出版社
	上海顺昌路 622 号　邮编 200025
	电话总机 021－63315947　销售热线 021－53063735
	https://cbs.sass.org.cn　E-mail: sassp@sassp.cn
照　　排：	上海碧悦制版有限公司
印　　刷：	苏州市古得堡数码印刷有限公司
开　　本：	710 毫米×1010 毫米　1/16
印　　张：	12
字　　数：	173 千
版　　次：	2024 年 6 月第 1 版　2024 年 6 月第 1 次印刷

ISBN 978-7-5520-4419-5/G·1327　　　　　　　　　　　定价：60.00 元

版权所有　翻印必究

序一

扎根乡村沃土，探索新优质学校发展之路

浦东新区三灶学校坐落于上海市浦东新区宣桥镇南六公路698号，是典型的郊区农村学校，是第一批上海市新优质学校项目校。曾经受成功教育管理咨询中心委托管理，是上海市"百所公办初中强校工程"项目校，经过一段时间的硬件改造和内涵发展，学校面貌发生了较大改变，办学质量明显提升。

学校成为上海市新优质学校项目校后，坚持回归教育本原的核心理念，努力回应教育改革和学校发展中的问题，坚持在常态的办学条件下解决常态的问题，走内涵发展、内生发展之路，积极探索符合自身实际的发展之路。本书是金育宏校长带领团队积极探索的心得，既有理性思考，也有实践经验。

建设教育强国，加快高质量教育体系建设，促进义务教育优质均衡发展，都不能没有乡村教育的高质量发展，而乡村教育高质量发展，不能没有乡村学校的高质量发展。每一所乡村学校的高质量发展，既是乡村教育高质量发展的路径，也是乡村教育高质量发展的体现。因此，如何解决乡村学校高质量发展问题是一个时代问题，也是新优质学校必须面对的问题。浦东新区三灶学校在新优质学校建设上探索的经验值得我们珍视。

首先，重视学生身心健康发展。在这本著作里，辟有专门部分汇聚了8篇文章，专题讨论学生在发展中的心理健康问题，体现了学校对这一问题的重视。新优质学校的核心理念是"教育回归本原"，就是呼唤教育要回归育人本原，遵循教育规律，回归教育本质，倡导在教育的全过程中，始终把学生的全面发展放在首位，关注每一位学生全面个性而健康地成长，使学生经过学校的生活而内心得到充盈，使他们成为德智体美劳全面发展的社会主义建设者和接班人。在书中，金校长强调学校应重新审视教育的目的，以学生为中心，将培养学生的综

合素质、创新能力和社会实践能力放在首位,关注每一位学生的全面发展,而非单纯追求学科考试成绩。这种价值取向体现了新优质学校的办学追求。

其次,重视课程教学改革。三灶学校积极变革传统填鸭式教学,倡导更加个性化、灵活性的教学模式。本书呈现了创新学习、合作学习、探究学习、自主学习、有意义学习的实践研究,也提供了学校在校本课程建设,尤其是科技活动校本课程开发方面的思考与探索,努力推进基于"双新"课程改革要求的项目化学习、跨学科融合学习、探究式学习和合作学习等,积极形成新的育人方式,激发学生学习兴趣,培养学生批判性思维和解决问题的能力,落实学科核心素养的培育要求。这也是"上海市新优质学校高质量发展引领计划"的内在要求。

再次,重视教师的校本研修。教师是教育的基石,是学校发展的第一资源。没有教师教育理念的转变和变革能力的提升,教育改革的意图不可能变成学校办学的实际行为。本书分析了教师发展面临的问题与挑战,探索了校本培训的策略与路径,较好发展了教师的专业素养,提升了老师的职业使命感,从而为学校高质量发展、学生素养提升提供了有力保障。

最后,金育宏校长在书中比较系统地阐述了自己的办学思想与管理策略。这既是一个校长的教育情怀袒露,也是一位农村校长的责任与担当。金校长以新优质学校核心理念为指导,努力打造"三诚教育",培育"坦诚正直"的学校文化。他在分析学校发展现状的基础上,明确自身优质与不足、机遇与挑战,针对九年一贯制学校的特点提出了一系列的管理策略和实践方法,从学校组织架构到队伍建设,从制度建设到文化培育,构建了包括制度建设、民主管理和信息公开等在内的更加开放和包容的学校管理体系。这些成果不仅为农村教育的发展提供了宝贵的经验和启示,更为新优质教育的推进贡献了智慧和力量。

郊区乡村学校如何创建新优质学校,使学校走向高质量发展,是一个值得研究的话题。金校长的实践与探索已经积累了初步的成果,尽管办学是见仁见智的事情,但这些思考与实践是有价值的,值得读者去品味。期待有更多的学校以三灶学校的实践成果为基础,进一步探索新优质学校高质量发展问题,努力办好群众家门口的每一所学校,为上海乃至全国基础教育优质而公平地发展贡献智慧与力量,为教育强国建设添砖加瓦。

上海市教科院普教所

上海市新优质学校研究所

序二

《农村九年一贯制学校管理实践探究》之教育的本质与实践

金育宏校长的专著《农村九年一贯制学校管理实践探究》即将付梓之际，我有幸受邀为其著作撰写序言，深感欣喜。

教育，作为培养未来社会栋梁的基石，其重要性不言而喻。然而，在快速发展的社会背景下，教育面临着诸多挑战和变革。在这样的大环境下，我们更应该深刻理解教育的本质，回归教育的本原，即育人为本，关注每一个学生的全面发展。金育宏校长以其丰富的教育经验和深刻的教育洞察，为我们展示了一幅农村教育改革和发展的生动画卷。

在这本书中，金校长不仅深入分析了农村九年一贯制学校管理的现状和挑战，更重要的是，他提出了一系列切实可行的改革措施和管理策略，旨在推动教育回归本原，实现教育的高质量发展。

金校长的著作强调了教育的人文关怀，提倡以学生为中心，关注每一位学生的全面发展。他提出的"五环节"教学管理理念，即备课、上课、作业、辅导、考试，是对教学过程管理的深刻理解和精准把握。这五个环节相互衔接，相辅相成，共同构成了一个高效、有序的教学管理体系。

在追求教育均衡和优质发展的道路上，金校长的实践和探索为我们提供了宝贵的经验和启示。他倡导的有意义学习、跨学科学习、心理健康教育、合作学习等教育理念，不仅有助于激发学生的学习兴趣，更有助于培养学生的创新精神、团队协作能力和社会实践能力，为他们的未来学习和生活打下坚实的基础。

此外，金校长在书中还特别强调了教师队伍建设的重要性。他在著作中对教师的专业成长和职业发展给予了高度重视,提出了教师培训和发展的一系列策略。他认为,教师是教育改革和发展的关键力量,只有不断提升教师的专业素养和教学能力,才能为学生提供更高质量的教育。通过加强教师培训、优化教学评价体系、建立激励机制等措施,可以有效激发教师的工作热情和创造力,促进教师的专业成长。

在这本书中,金校长还分享了他在推动学校文化建设和家校合作方面的丰富经验。一个积极向上、和谐共生的学校文化,能够为学生的健康成长提供良好的环境和氛围。同时,家校合作是实现教育目标的重要途径,需要学校、家庭和社会三方共同努力,形成教育合力。他提倡建立更加开放和民主的管理体系,通过制度创新和文化引领,实现学校的自我管理和持续发展。这种治理模式有助于提高学校的管理效率和教育质量,同时也能够更好地满足学生、家长和社会的需求。

最后,我想对金育宏校长表示最诚挚的敬意和感谢。感谢他多年来对教育事业的无私奉献和卓越贡献。《农村九年一贯制学校管理实践探究》是一部凝结了深厚教育情怀和丰富实践经验的作品,它不仅为我们提供了农村九年一贯制学校管理的宝贵经验,更为我们在新优质教育理念下探索教育改革提供了实践指南。我相信,这本书的出版将对推动我国农村教育改革和发展产生深远的影响,为实现教育均衡和优质发展提供有力的理论支持和实践指导。

华东师范大学教授、博士生导师
上海师范大学天华学院教授
上海市教委智库研究员
李巍

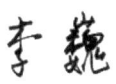

目录 | CONTENTS

序一　扎根乡村沃土,探索新优质学校发展之路 …………………… / 001
序二　《农村九年一贯制学校管理实践探究》之教育的本质与实践 …… / 004

学校管理

"凝心聚力",校长应该做些什么 ………………………………………… / 003
"无为而治"与理想的教育管理模式 …………………………………… / 006
九年一贯制学校的管理模式探讨 ……………………………………… / 011
九年一贯制学校中存在的问题以及解决策略 ………………………… / 016
九年一贯制学校中的青年教师培养建设探究 ………………………… / 019
九年一贯制学校中的社团文化建设 …………………………………… / 023
开展"三诚教育",培育"坦诚正直"的学校文化 ………………………… / 026
洗去铅华,本真育人 ……………………………………………………… / 032
论素质教育目标指导下学校激励机制的运用 ………………………… / 035
农村九年一贯制学校中层岗位设置 …………………………………… / 040
农村学校信息技术应用探讨 …………………………………………… / 044
浅谈目标管理法在教育管理中的运用实践探究 ……………………… / 051
中小学班级管理若干问题研究 ………………………………………… / 057

课程建构

创新学习实践研究 ……………………………………………………… / 067
合作学习实践研究 ……………………………………………………… / 073

探究学习实践研究 …………………………………………… / 079
自主学习实践研究 …………………………………………… / 083
有意义学习的实践研究 ………………………………………… / 087
校本课程建设研究 …………………………………………… / 092
科技活动校本课程开发的思考与探索 ………………………… / 099

教师发展

新教师的第一步 ………………………………………………… / 107
新教师校本培训的探索与思考 ………………………………… / 112
论教师培训的有效策略 ………………………………………… / 116
论教师专业发展的途径 ………………………………………… / 125
当前教师职业压力问题与对策 ………………………………… / 129
教师职业发展的心理障碍及管理对策 ………………………… / 134
信息技术与教师的成长 ………………………………………… / 138

学生成长

关注生命教育　培养健康人格 ……………………………… / 145
建立心理健康教育网络　充分挖掘学校教育资源 ………… / 150
青少年常见的心理健康问题及教育对策 …………………… / 153
校园文化建设中如何渗透心理健康教育的问题 …………… / 158
中小学生学习适应性问题的研究 …………………………… / 163
中小学心理健康教育与未成年人思想道德建设 …………… / 167
中小学心理健康教育中的学校合作问题 …………………… / 171
学校心理健康教育的管理与评估 …………………………… / 177

学校管理

"凝心聚力",校长应该做些什么

随着我国经济体制改革的不断深入和发展,人们的思想观念、价值取向、道德行为、思维方式等也随之发生变化。教育作为社会的一个子系统,学校的管理工作,特别是对教职工的管理面临前所未有的考验。现在,全社会正在大力开展精神文明建设,致力于建设"凝聚力工程"。那么,学校要凝心聚力,振奋精神,校长作为学校教育的领导者、组织者、实施者,在建设和管理学校的过程中,应该做些什么?这确实是一个值得校长,尤其是像我这样年轻校长深入探索的重要议题。

第一,校长需有崇高的理想、高尚的情操和奉献的精神。校长应牢记全心全意为人民服务的宗旨,树立为学校、为教工、为学生服务的信念,热爱教育,热爱教师,对待工作始终如一,对待名利不以为意,对待事业鞠躬尽瘁。校长要认清自己的角色,摆正人民公仆的位置,只有把自己的理想、信念与学校的发展和命运紧紧相连,才能鼓舞人心,激发教职工跟随你一起努力工作,才能最大限度地发挥教职工的才能。

第二,校长要成为广大教职工学习的楷模、行动的表率和风格的代表。只有校长带好头,教工才会有劲头。在遵守学校规章制度、完成学校工作方面,校长要求别人做到的,自己首先要做好;要求别人不做的,自己首先不做。希望教职工如何做、做到什么程度,自己先给他们作一个示范。身先士卒,言传身教,通过榜样力量,校长可以塑造和提升自己在教职工心目中的形象,从而在教职工中享有威望,建立起一呼百应的权威。这种权威可以进一步发挥学校管理的"磁场效应",激励教职工努力地工作。

第三,校长要深入教职工的生活和工作,真心诚意地关心他们,实实在在地为他们办事。时刻想他们所想,急他们所急,"万家忧乐挂心头"。校长要直接同教职工打交道、交朋友,及时捕捉教职工议论、关注的热点、难点,保持敏锐性。为教职工利益着想不是一句空话,必须落实到行动上,言出必行,行必有果,帮助教职工切实解决一些困难,解决他们的后顾之忧。2002年秋,经过协调,南汇区教育局拨出专款,在我校的教学楼里建造了厕所,结束了盐仓中学仅有一座厕所的历史。2003年,学校通过创建上海市花园单位,对校园的绿化布局作了较大的调整,现在,校园内绿树成荫,百花争艳,成了老师们紧张工作之余修身养性的好去处。2023年学校把改善办公条件作为实事工程来抓,准备用一年的时间,对办公室进行装修,解决人多拥挤、冬冷夏热的问题。这一系列的举措,让教职工感受到学校的关怀和体贴,在学校如同置身于温暖的大家庭。

第四,校长应该不断关注教职工成才的规律和成功的愿望,积极为他们提供条件,创造机会。要坚持实事求是的原则,切忌求全责备。"金无足赤,人无完人",事物是相辅相成的,人的优点和缺点常常是并存的。要为他们施展才华提供一个良好的环境,扶上马,更要送一程,允许犯错误,允许"交学费"。对待教职工的工作质量,既要关注短时间的工作效果,更要重视长期的工作效果。我校十分重视对青年教师的校本培训,每月安排座谈会,开展教育教学的研讨;每年举办"成长杯"青年教师教学展示活动;鼓励教师参加区级各类教学评比活动;评选学校"骨干教师",并实行特殊津贴制度等,让教师深切地感受到学校对他们的关怀、信任和尊重。

第五,校长要善于团结各类人才,把不同学科、不同专业、不同个性和不同特长的人才汇聚起来。对此,我校积极组织开展教职工文体活动,教师节举行联欢会、休闲运动会,成立了男教师足球队和女教师健美操队。这些活动积淀了教职工对学校、对教学事业的情感,极大地调动他们的积极性。须知,校长爱教师,教师才能更爱学校、更爱学生。校长给予教职工充分的理解和支持,教职工则回馈以深厚的信任和高度的忠诚,共同营造出一种勤奋、务实的好风气。校长赋予教职工充分的自主权,教职工应该懂得如何将这种信任与宽容转换为工作上的自觉性和积极性,进而激发为学校努力工作的主观能动性和高度责任感。

盐仓中学全体教职员工同心同德,敬业奉献,在平凡的岗位上,克服困难,努力工作,学校先后被授予"上海市科技教育特色学校""上海市花园单位""南汇区文明单位""南汇区中小学行为规范示范学校"等荣誉称号,学校的教学质量提升,社会声誉不断提高,这是大家齐心协力、同舟共济的结果。现在,盐仓中学新一轮的改革已经启动,发展的机遇和挑战并存。学校需要团结、影响、带动教职工的重要力量,即号召力、向心力、战斗力和凝聚力。只有凝心聚力,振奋精神,才能把学校的工作要求转化为教职工的自身要求,从而有效推动盐仓中学的改革和发展。

"无为而治"与理想的教育管理模式

一、引言

教育管理是指对教育系统的各种活动进行组织、协调、指导和监督,以达到既定教育目标的一种行为。在教育管理中,学校管理是最为重要的一环。学校管理的目的是保证学校的正常运转和促进教育质量的提高。在学校管理中,管理者需要面对不同的问题和挑战,如学生的行为管理、教学质量的提高、师资队伍的建设等。教育管理者需要掌握一定的管理知识和方法,才能有效地完成管理任务。

传统的教育管理模式主要以行政管理为手段,注重权威和规范。这种管理模式在现代教育中已经逐渐被淘汰,人们开始追求更加民主和自由的教育管理模式。与此同时,中国传统的"无为而治"哲学思想也开始引起人们的重视。有学者认为,道家的"无为而治"思想可以为现代教育管理提供新的思路和方法。

本文将从道家的"无为而治"思想出发,探讨其在教育管理中的应用,提出基于"无为而治"哲学思想的理想教育管理模式,为现代教育管理提供新的思路。

二、"无为而治"的概念和哲学内涵

"无为而治"是道家的核心思想之一。字面意思是"不为而治",即不需要通过外力干预来管理事物,而是通过自然的演化和内在的规律来达到管理的目的。这一派别的哲学家认为,万物皆有自然规律,只要我们能够顺应这些规律,就能够轻松地掌控事物的发展。在道家看来,顺应规律就是"无为而治",即不去强制干预,而是尊重自然规律,以自然之道为师,让事物自己发展。这样的管理方式,不仅可以减少外力干预的矛盾和破坏,还能更好地发挥事物自身的潜力。

"无为而治"思想的核心是"道",道是超越一切的存在,是一种无形无相的自然力量,它没有固定的形态和特征,是宇宙万物的本源。道家认为,自然是最伟大的创造者,它所创造的一切事物都有其天然的发展规律,并随着时间和空间的变化而不断变化。道家认为,只有顺应道的本质,才能达到事物的最高境界。在道家看来,万物本来就是自然而然地运行着的,只需要顺应自然的规律,自然就会自行完成它的任务。因此,道家认为,不需要强制性地干预事物的运行,只需要顺应自然的规律,就可以达到最好的管理效果。这种思想不仅可以应用于社会管理,还可以应用于个人成长。我们不需要通过强制性的手段来改变自己,只需要顺应自然规律,找到自己的内在本质,就能够自然地成长和发展。

然而,"无为而治"并不是无所作为,也不是麻木不仁。相反,它要求我们要有自己的判断力和智慧,要以自己的道德水准和人格魅力来引导事物的发展。在实际操作中,我们需要以"天人合一"的态度去面对事物,不断提高自己的见识和认知能力,才能更好地顺应自然规律,达到"无为而治"的管理效果。

总的来说,"无为而治"是一种尊重自然规律,以自然之道为师的哲学思想。它要求我们不要过度干预事物的演讲过程,而是顺应自然规律,让事物在自身规律的指引下自由发展。这种管理方式不仅可以减少矛盾和破坏,还能更好地发挥事物的潜力,是一种非常值得推崇的管理哲学思想。

三、西方传统的"行政管理"模式与中国传统的"教育管理"模式

传统的西方管理模式主要以"行政管理"为主要手段,其核心是权威和规范。这种管理模式是在工业化时期发展起来的,它强调的是组织结构和规章制度,通过制定一系列的指令和命令,对下属进行管理,以达到目标的实现。这种管理模式的优点在于它能够明确分工、规范行为、提高效率,但是它也存在着缺点,例如,这种管理模式会让员工感到束缚和沮丧,缺乏归属感,难以激发员工的创造性和主动性。

与之相对应的是中国传统的"教育管理"模式,这种管理模式注重自由和启发,尊重学生的个性和差异。在中国传统教育中,教师不仅要掌握丰富的知

识和技能,还需要拥有高超的智慧和情感。教育管理者需要关心学生的成长和发展,注重启发和引导,尊重学生的自由和差异。"教育管理"模式的优点在于它能够激发学生的学习兴趣和创造性,让学生在自由的氛围中发挥所长,但是它也存在着一些缺点,例如,可能会导致学生自由散漫,缺乏规范和纪律,影响学习效果。

在当今社会,随着经济文化的发展,管理模式也在不断地演进和变革。新型的管理模式既吸收了传统管理模式的优点,又纠正了其缺点。例如,在企业管理中,新型管理模式注重员工的自主性和团队协作,强调员工的思维创新和自我管理,以达到提高企业竞争力和效益的目的。在教育管理中,新型管理模式注重学生的个性化学习和全面发展,注重学生的思维培养和实践能力,以培养有创造力和有担当的人才。因此,我们可以看到,在不同的领域中,新型管理模式都在不断地推陈出新,以更好地适应现代社会的需求和发展。

四、基于"无为而治"哲学的理想教育管理模式

基于"无为而治"哲学的理想教育管理模式,是一种注重学生个性和差异的管理模式。在这种模式下,教育管理者应该尊重自然规律,注重启发和引导,尊重学生的自由和差异。具体来说,这种教育管理模式包括以下几个方面:

(一)启迪思想,激发学生的内在动力

在现代教育中,教育管理者的角色已经转变为学生的引路人和启发者。他们不再只是传授知识,更重要的是注重启迪学生的思想,激发学生的内在动力,让他们在自由的环境中自我发展、探索和成长。为了实现这一目标,教育管理者需要采用一系列启迪式教学方法,例如提问式教学、案例分析式教学和讨论式教学等,来引导学生思考和探索。通过这些方法,学生可以获得更深刻的思想启迪,不断发掘自己的潜能和兴趣。同时,教育管理者还应该注重营造一个积极向上的教育氛围,鼓励学生勇敢尝试、敢于挑战,让他们在不断探索中实现自我价值的提升和成长。

(二)引导行为,建立健康的行为规范

在培养学生良好行为习惯方面,教育管理者扮演着重要的角色。他们应该注重引导学生的行为,建立健康的行为规范。不仅要注重道德教育和示范引导

学生学习正确的行为方式和价值观念,还要采用具体实际的方法来帮助学生养成良好的行为习惯。例如,教育管理者可以通过激励机制、惩罚机制和奖励机制等方法,引导学生自我约束和自我管理。同时,教育管理者还可以营造一个积极向上的班级氛围,鼓励学生互相帮助、互相尊重,让学生在正能量的影响下逐渐形成健康的行为规范。最终,这些良好的行为习惯将成为学生成长和发展的重要支撑,帮助他们更好地适应社会生活和面对未来的挑战。

(三) 协调关系,建立和谐的师生关系

在协调师生关系方面,教育管理者应该秉持"以人为本"的原则,将师生关系看作一种合作关系,注重沟通和协商。首先,教育管理者应该尽可能多地了解学生的需求和期望,以了解和满足学生的需要为出发点,使学生感受到教育管理者的关心。同时,教育管理者也应该鼓励教师与学生进行沟通和交流,了解学生的想法和意见,以便更好地调整教学节奏和方式,提升教学效果。

其次,在建立和谐师生关系方面,教育管理者应该注重分工和协调。根据教师和学生的特点以及兴趣爱好,将他们分配到适合他们的角色和职责中,更好地发挥他们的优势。教育管理者要及时调整教师和学生的职责划分,避免出现职责的过度重叠和分工不合理现象,确保师生工作和生活的平衡和和谐。同时,教育管理者应该鼓励教师和学生之间建立彼此尊重、信任和理解的良好关系,以创造一个和谐的学习和生活环境。

(四) 提供自由,保障学生的自由和权利

在提供自由方面,教育管理者应该给予学生充分的自由和空间,让学生可以在探索中获得自我发展和成长。首先,教育管理者应该提供宽松的学习制度和规定,以充分发挥学生的个性和创造力。其次,教育管理者应该提供多样化的学习机会和平台,以满足学生的不同需求和兴趣爱好。同时,教育管理者应该鼓励学生积极参加社会实践和志愿服务活动,以增强学生的社会责任感和行动能力。最后,教育管理者应该保障学生正当的权利,保护学生的隐私和安全,确保学生能够在一个安全、稳定和自由的环境中学习和生活。

五、结论

"无为而治"这一道家哲学的核心思想,旨在强调顺应自然规律,达到最佳

的管理效果。在教育管理中,这一理念被应用到了理想的教育管理模式中。这种模式不是强制性地干预学生的行为,而是尊重自然规律,注重启发和引导,尊重学生的个体差异和自由意志。

在这种管理模式中,教育管理者要充分了解学生的特点和需求,并据此制定合适的管理策略。这意味着,不同的学生应该有不同的教育方式,管理者只有因材施教,才能够更好地引导和启发学生。

同时,这种管理模式注重引导和启发学生,而非强迫他们完成特定任务。教育管理者应该鼓励学生发挥自己的创造力和想象力,为他们提供一个自由的学习环境,让他们可以在这个环境中尽情探索和发现。

最后,这种管理模式还强调尊重学生的自由和差异。这意味着,教育管理者不应该强制学生去做他们不想做的事情,而是应该尊重学生的自由意志,让他们自由地选择自己想要的学习方式。

"无为而治"的哲学理念为现代教育管理提供了一种宝贵的思路和方法。这种教育管理模式注重学生个性和差异,启发和引导学生,以及尊重学生自由和差异。这样的管理模式,可以帮助管理者更好地引导和激发学生的学习兴趣和创造力,从而取得更好的管理效果。

九年一贯制学校的管理模式探讨

随着中国教育的不断发展,九年一贯制学校的管理模式也在不断变革。本文探讨了九年一贯制学校管理模式的特点、优势和不足之处。九年一贯制学校的管理模式特点在于以人为本,强调学生的主体地位和自主学习能力的培养。其优势在于可以让学生尽早适应高中的学习节奏和方式,并且可以更好地培养学生的综合素质。然而,九年一贯制学校的管理模式也存在一些不足之处,如教学资源分配不均、教师的培养和管理不足等问题。

本文提出了优化九年一贯制学校管理模式的建议,包括加强教师培养和管理、优化教学资源配置、推进教育信息化建设等方面。这些建议旨在为九年一贯制学校的管理和发展提供一定的参考,帮助学校更好地适应教育发展的需求,提高教育质量和学生素质。在未来的教育改革中,九年一贯制学校的管理模式也需要不断地更新和完善,以适应不断变化的教育环境和需求。

一、引言

随着我国教育事业的快速发展和经济的持续增长,九年一贯制学校的出现成为教育改革的重要一环。然而,这一制度的实施也带来了一系列的管理问题和挑战。如何优化九年一贯制学校的管理模式,提升其教育教学质量,成为教育界和政府部门共同关注的问题。本文将深入研究九年一贯制学校的管理模式,探讨其特点、优势和不足之处,并提出优化管理模式的建议,以期为九年一贯制学校的管理和发展提供一定的参考。

二、九年一贯制学校的管理模式特点

(一) 统一规划

统一规划提高了行政效率,既缩减了行政人员和管理层级,降低了成本,又充实了教学一线,有利于深化教学改革。

（二）整合资源

九年一贯制学校体现了教育集聚理论,教育资源的整合重组,使得内部各因素均衡运行,达到较高的办学效益。

（三）优化教育结构

九年一贯制学校体现了教育一体化理论,在学制的设置上,教育的功能主要定位在发展而不是选拔,符合义务教育的公平原则。

（四）强化育人功能

九年一贯制学校可以从一年级到九年级制定一以贯之的德育目标,奠定学生的思想信念、理想和行为习惯等。

三、九年一贯制学校的管理模式优势

（一）注重学生综合素质的培养

在九年一贯制学校的管理模式中,学生的综合素质被视为重中之重。学校致力于培养学生的思想、品德、文化、技能等方面的能力,为他们的学习、成长和发展提供全方位的支持。为了达到这一目标,学校注重学生的自主学习、合作学习和探究式学习,并培养他们的自主学习和创新能力帮助学生全面发展。

在教育教学中,学校注重学生的身心健康和全面发展,旨在打造一个适合学生成长的环境。学校鼓励学生参加各种兴趣班和活动,以丰富学生的课余生活,提高学生的综合素质。此外,学校还重视学生的心理健康,通过心理辅导、心理测评等方式,为学生提供全方位的帮助。

（二）注重教师的专业化发展

在九年一贯制学校的管理模式下,教师的专业素质和教学水平被视为提高教育质量的关键。学校通过加强师资力量建设,提高教师的专业素质,促进教师的专业成长和发展,从而提高教学质量。

在教学中,学校注重培养教师的教学能力和创新精神,鼓励教师积极参加各种培训和学习活动,提高自身的教学水平。学校还为教师提供晋升和发展的机会,通过评优选优等方式,激励教师在专业发展上不断突破自我,为学生提供更好的教育服务。

（三）注重课程改革和创新

在九年一贯制学校的管理模式下，学校不断更新课程内容和教学方法，以适应时代的发展和学生的需求。

在课程改革和创新方面，学校注重跨学科融合和综合实践，鼓励学生跨学科学习和综合实践，以增强他们的综合素质和应对未来的能力。此外，学校还注重课程的个性化和差异化，以满足不同学生的学习需求，使每个学生都能享受到优质的教育资源。

四、九年一贯制学校的管理模式不足之处

（一）课程设置不够完善

课程设置不够完善是九年一贯制学校的管理模式存在的一个普遍问题。在某些学校中，课程设置缺乏针对学生的个性化设置，导致许多学生缺乏学习的兴趣和动力。例如，一些学校设置的科目过于僵化，无法满足学生的多元化需求，导致学生的学习效果受到影响。

（二）教师培训和支持不足

教师培训和支持不足也是九年一贯制学校普遍存在的问题。许多学校没有提供足够的教育培训机会，导致教师的专业水平较低，无法提供高质量的教育教学服务。反过来，这也会影响学生的学习效果。

（三）管理体制不够完善

管理体制不够完善也是九年一贯制存在的问题。许多学校的管理层对教育教学工作的了解不足，管理效率不高，导致学校管理不够规范化、科学化。如果管理体制不够完善，学校的教育质量将受到影响，学生的学习效果也会降低。

五、九年一贯制学校的管理模式优化建议

（一）加强课程设置和教学改革

当前，随着社会和经济的不断发展，学生对知识和技能的需求也在不断变化。因此，九年一贯制学校应该注重针对学生的个性化需求，拓展课程类型和设置，注重将知识运用到实践中。同时，学校还应该加强教学改革，鼓励教师开

展创新教学方法,探索新的教学模式,以提高学生的学习效果和兴趣。

(二) 加强教师培训和支持

教师是九年一贯制学校的核心力量,他们的教学质量和专业水平直接关系到学校的教育质量和学生的成长。因此,九年一贯制学校应该加强教师培训和支持,提供更多的教育培训机会,提高教师的专业化水平和教学质量。此外,学校还应该鼓励教师开展教学研究并分享成果,不断提升教学实践能力和教学效果。

(三) 完善管理体制和管理机制

学校的管理体制和管理机制是学校顺利运转的重要保障。因此,九年一贯制学校要完善管理体制和管理机制,加强管理人员的培训和管理能力的提升,强化科学管理和规范化管理。学校还应该建立完善的考核机制和激励机制,鼓励教师和管理人员积极参与学校管理和改进,以不断提升学校的管理水平和运作效率。

六、结论

九年一贯制学校是我国教育改革的一个重要组成部分,其管理模式存在许多优势和不足。该模式的特点包括统一规划、整合资源、优化教育结构、强化育人功能等方面。这些特点为九年一贯制学校的发展和管理提供了一定的保障。

优势方面,九年一贯制学校的管理模式能够将小学、初中的教育资源整合起来,形成一个连续、有机的教育体系,为学生提供更为全面、综合的教育。此外,该模式能够促进教师之间的合作与交流,提高教学质量和效率。同时,九年一贯制学校还能够有效地减轻学生和家长的负担,激发学生的学习兴趣和动力。

不足之处主要表现在以下几个方面。首先,九年一贯制学校的管理模式在教学内容和课程设置上存在单一化、流于形式等问题,影响学生的学术兴趣和发展。其次,该模式下学生和教师的关系较为僵化,缺乏互动和主动性。最后,九年一贯制学校的管理模式对教师的要求较高,需要教师具备一定的综合素质和能力,这也给教师带来了一定的压力和挑战。

为了优化九年一贯制学校的管理模式,需要从以下几个方面入手。首先,应注重课程设置和教学方式的创新,在保证教学质量的前提下,提高学生的学习兴趣。其次,应加强学生与教师之间的交流和互动,营造良好的教育环境,促进学生的全面发展。最后,应加强教师的培训和发展,提高其综合素质和能力,以更好地适应九年一贯制学校的管理模式。

综上所述,九年一贯制学校的管理模式具有一定的优势和不足。优化管理模式需要从教师培训、课程设置和教学方式创新、学生与教师之间的交流等方面入手,以提高教育质量,促进学生的发展。这些措施将为九年一贯制学校的管理和发展提供一定的参考和建议。

九年一贯制学校中存在的问题以及解决策略

九年一贯制学校是中国教育体制中的重要改革之一,旨在实现义务教育的全面均衡发展。然而,在实践中,这种教育模式存在一些问题,例如课程设置不合理、教学内容单一、师资力量不足、教育资源不均衡等。这些问题不仅影响学校教育质量,更对学生的成长发展产生重大影响。因此,解决这些问题是十分必要的。解决策略包括优化课程设置、创新教育内容、提高师资力量、均衡分配教育资源等。通过这些措施,九年一贯制学校能够更好地发挥其应有的作用,为学生提供更全面、更优质的教育。本文将就九年一贯制学校中存在的问题以及解决策略进行探讨。

一、存在的问题

(一)课程设置不合理

九年一贯制学校的课程设置常常存在着"重理轻文"的问题,即更加注重理科课程,而忽视了文科课程的重要性。这种偏重某一方面的课程设置,不仅会导致学生学习上的疲劳和失落感,同时也会影响学生的全面发展。如果学校"重理轻文",那么学生只会关注科学知识,缺乏对文学、哲学等领域的了解和研究。这样,学生的知识结构就会变得单一,缺乏综合性和深度,无法达到全面发展的效果。

(二)教育内容单一

九年一贯制学校的教育内容单一,缺乏创新性。学生在学习时缺乏趣味性,容易产生学习厌倦情绪,这种情况会对学生的思维发展带来很大的影响。例如,如果学校只注重应试教育,而忽视了学生的兴趣和创造性,那么学生就只会为了拿高分而学习,而不是为了兴趣而学习。这种教育方式,不仅会导致学生的思维僵化,而且会影响他们的创造力和创新性,无法为未来的发展做好准备。

(三)师资力量不足

由于教师结构不合理、教师教育培训不足、办公条件有限等多种原因的制约,九年一贯制学校,尤其是农村九年一贯制学校,往往存在师资力量薄弱的问题。学校师资队伍结构不完善、业务水平整体偏弱、创新精神和发展意识不强,严重影响了学校教学质量和学生发展。

(四)教育资源不均衡

九年一贯制学校之间的教育资源存在很大的差异,有些学校的教学条件十分优越,但是有些学校的教学条件则相对不足,这种不均衡的现象会影响学生的学习效果和学校的教育质量。

(五)家长过度干涉

家长过度干涉也是一大问题。九年一贯制学校的家长往往会对孩子的学习和生活过度关心和干涉,这种行为不仅会影响学生的自主性和自我管理能力,还会使学生失去独立思考和判断能力。在一些情况下,家长的过度干涉还会导致学生的学习压力过大,甚至导致学生的心理健康问题。

二、解决策略

(一)优化课程设置

学校应该优化课程设置,注重文科课程和理科课程的平衡发展。学生需要掌握一定的人文素养和科学知识,只有平衡发展才能让他们在今后的学习和生活中发展得更加全面、更具有竞争力。因此,学校可以根据学生的兴趣爱好和未来发展方向,制定更合理的课程安排,让学生在不同领域都能有所涉猎。

(二)创新教育内容

为了缓解教育内容单一的问题,学校可以进行教育内容的创新。在教学过程中,加入一些实践性的内容,让学生通过实践来探索和发现问题。同时,注重学生思维能力和创新能力的培养,让他们在学习中感受乐趣和成就感。例如,在课程设计中可以加入小组活动、课外研究等实践性环节,让学生在实践中掌握知识和技能,提高综合素质。

(三)提高师资力量

九年一贯制学校要提高师资力量,吸引和培养高素质的教师队伍。教师的教育水平和专业能力对学生的影响至关重要,因此,学校应该加强教师的培训和考核,提高他们的教学水平和专业能力,以确保优质的教育资源更有效地传递给学生。

(四)均衡分配教育资源

为了让所有的学生都能够享受到优质的教育资源,学校可以通过多种途径来实现均衡分配。首先,学校应该建立完善的教育资源管理系统,对教育资源进行科学的规划和分配,保证每个学生都能够享有公平的机会。其次,学校可以加强与社会各界的合作,争取更多的教育资源,如资金、设备、师资力量等,以满足学生的多元化需求。此外,学校还可以采取灵活的教学方式,如分层教学、个性化教育等,为不同层次和不同需求的学生提供优质的教育资源。

(五)建立健康家校关系

建立良好的家校关系对于学生的成长和发展至关重要。学校应该积极主动地与家长沟通,建立互信、互动、互助的关系。家长可以通过参与学校活动、家长会议等途径了解学校教育的情况,与教师沟通交流,为学生提供必要的帮助和支持。同时,学校也应该加强对家长的教育,引导家长正确地对待孩子的学习和成长,避免过度干涉,从而限制孩子的自主性和独立思考能力。建立健康的家校关系,可以为学生的全面发展提供更好的保障。

九年一贯制学校目前面临着许多挑战和问题,然而这些问题都不是不可克服的。只要学校能够在课程设置、教育内容、师资力量、教育资源和家校关系等方面做出适当的调整和改变,就有可能为学生提供更加优质和丰富的教育,让他们获得更多的成长和发展。例如,学校可以增加与社会实践相关的课程,引进先进的教育技术和教学理念,提升教师的教学能力和专业素质,建立完善的教育资源共享平台,加强与家长的沟通和合作等。只要学校能够积极应对当前的教育挑战,不断推进教育改革和创新,就能够让九年一贯制学校更好地为学生的成长和发展服务,培养出更多优秀的人才,为社会发展做出更多的贡献。

九年一贯制学校中的青年教师培养建设探究

九年一贯制学校是中国教育体制改革的重要成果之一,其意义不仅在于延长了学生的学习时间,更在于强调了基础教育的重要性。在九年一贯制学校中,学生可以接受更为全面、系统的教育,培养出具备扎实的基础知识和较强的综合素质的人才。

然而,九年一贯制学校的实施也正面对一系列挑战,其中一个重要问题就是如何培养和发展青年教师。青年教师是学校的宝贵资源,他们承担着教育教学的重要任务,对学校的教学质量和学生的成长起着至关重要的作用。然而,青年教师出于年轻、经验不足等原因,在教学方面往往存在诸多问题,需要得到学校和上级教育部门的大力支持和帮助。

因此,学校应该加强对青年教师的培训和提升,让他们更好地适应九年一贯制学校的教学特点和要求。同时,学校也应该为青年教师提供更多的发展机会和平台,让他们能够不断提升自己的专业水平和教学能力。只有这样,才能更好地保证九年一贯制学校的教学质量,促进学生的成长。

一、九年一贯制学校中青年教师的现状

青年教师是九年一贯制学校中最活跃、最有活力的一群人。他们经过多年的专业学习,拥有扎实的专业知识,具备较高的学历和较强的学术背景,因此备受社会和学校的重视和期望。然而,在实际的教学工作中,青年教师也面临着一些困难和挑战。

首先,由于新教师缺乏教学经验和实践能力,他们在教学中常常感到手足无措,缺乏自信心。这种情况不仅会影响他们的教学质量,还会影响学生的学习效果。因此,学校和社会应该加强对新教师的培训和支持,让他们尽快适应教学工作。

其次,青年教师往往缺乏一定的生活经验和人际交往能力,他们在面对复

杂的教学环境时容易出现困惑。因此,学校和社会应该为新教师提供更多的支持和帮助,鼓励他们勇于尝试、勇敢创新,在实践中不断积累经验,提高自己的人际交往能力。

第三,部分青年教师的自我意识和责任意识较弱,工作态性不够积极,甚至存在消极情绪。这种情况不仅会严重影响教学工作的效果,还会对他们的未来发展产生负面的影响。因此,学校和社会应该加强对新教师的指导和督促,培养他们的责任心和职业意识,让他们能够认真对待自己的工作,不断提高自己的教学水平,为学生的成长做出更大的贡献。

二、九年一贯制学校中青年教师培训与发展的重要性

青年教师是九年一贯制学校未来发展的核心力量,他们的成长和发展对学校的未来发展至关重要。因此,对青年教师的教育培训与发展是十分重要的。青年教师的培训与发展应该分为三个层次:职业素养、教学技能和领导力。

(一) 职业素养的培养

职业素养的培养是非常重要的。职业素养是指教师应该具备的敬业精神、责任心、爱心、诚信、团队合作精神和创新创业精神等。这些素养是成为一名优秀教师的基本素质,也是教育工作者需要具备的必要素养。为此,学校可以开展一些专业性较强的职业素养培训,如心理健康、教师职业道德、师德师风、课堂管理等方面的培训,促进青年教师职业素养的提升。

(二) 教学技能的培养

教学技能的培养同样重要。教师需要有扎实的学科知识、灵活的教学方法和技巧、良好的教学评价和反思能力。学校可以开展一些实践性强的教学技能培训,如课堂教学方法、教学设计、课堂互动、评价与反思等方面的培训,以提高青年教师的教学技能。

(三) 领导力的培养

领导力的培养是指青年教师在教育教学工作中所需要的领导能力。领导力包括教育理念、领导风格、管理能力等。青年教师需要成为一位优秀的领导者,以更好地引领学生的成长和发展。为此,学校可以开展一些学术性、实践性较强的领导力培训,如教育管理、教育研究、教育创新等方面的培训,从而有效

提高青年教师的领导力。

三、九年一贯制学校中青年教师培养的具体措施

（一）建立导师制度

导师制度是指学校可以安排有一定教学经验的教师或领导担任青年教师的导师，并对青年教师进行教学指导、生活指导等方面的辅导。这种方式可以有效地帮助青年教师更好地融入学校教学团队，了解学校的教学文化和教学方法。同时，导师制度也可以让青年教师在教学和生活方面都能够得到更好的支持和保障。

（二）开展定期教学督导

学校还可以开展定期教学督导。通过定期组织教学督导，可以对青年教师的教学工作进行全面、系统的检查和评估。在教学督导中，学校可以对青年教师的教学质量和教学方法进行评估，并针对不足之处提出改进意见和建议。这不仅有助于青年教师更好地了解自己的优点和不足，还能使他们在教学上展现出更高的自信和专业素养。

（三）组织教学交流

组织教学交流是一种非常有效的方式，可以让青年教师与其他教师进行互动交流，分享自己的教学经验和教学方法的同时，学习他人的教学经验和教学方法。在这个过程中，教师们可以互相借鉴，相互启发，从而提高自己的教学水平和教学效果。此外，教学交流还可以促进教师之间的沟通和合作，有利于建立一个团结、和谐的教师团队。

（四）开展教学研究

开展教学研究也是一种非常重要的举措。教学研究可以让青年教师参与到实践中，发挥自己的创新能力，为学校教育教学工作提供有益的探索和实践。通过教学研究，教师们可以深入了解学生的需求和问题，探索适合学生的教学方案，不断改进和完善自己的教学方法和教育理念，从而提高自己的教学水平和教学效果。

四、总结

九年一贯制学校是近年来我国基础教育体系的一项重要改革,为了推进这一改革,青年教师的培养和发展显得尤为重要。青年教师是学校的希望和未来,他们的教育培训和发展对于教育事业的发展和进步至关重要。

为了更好地培养和发展青年教师,学校应该建立完善的导师制度,并定期进行教学督导。此外,学校还应该组织教学交流,开展教学研究。

对于九年一贯制学校来说,青年教师的教育培训和发展是非常必要的。只有通过建立完善的导师制度、定期教学督导、组织教学交流和开展教学研究等措施,才能够提高青年教师的教学能力和综合素质,促进九年一贯制学校的发展和进步。同时,学校还应该为青年教师提供更多的培训机会和发展空间,让他们不断成长和进步。

九年一贯制学校中的社团文化建设

随着教育改革的深化,九年一贯制学校逐渐成为国内中小学教育的主流。在九年一贯制学校中,社团文化建设是培养学生综合素质的重要手段之一。本文从社团文化的概念和价值出发,分析了九年一贯制学校中社团文化建设的现状和存在的问题,并提出了相应的解决方案。

一、社团文化的概念和价值

社团文化是一种特定的文化形态,它存在于各种组织环境中,包括学生社团、职业协会、志愿团体等。社团文化是社团的重要组成部分,它包括社团的理念、价值观、传统、习俗、习惯、行为方式等方面。这些组成部分与社团的运作密切相关,影响着社团成员的行为、态度、思想和情感。

社团文化的概念和价值不仅仅是对社团内部的影响,也涉及社团与外部环境的关系。社团文化的发展和传承,对于社团的生存与发展至关重要。社团文化可以提高社团的凝聚力和向心力,促进社团成员之间的交流和合作,增强社团成员的自信心和责任感。社团文化还可以传递一种积极向上的价值观念和精神力量,激发社团成员的创造力和创新意识。在社团文化的熏陶下,社团成员可以逐渐培养起健康的心态和良好的行为习惯,形成积极向上的价值观念和生活方式。

社团文化具有以下几个价值:

(一)促进学生综合素质的提升

社团活动是学生综合素质教育的重要手段之一。在社团中,学生可以通过不同的活动形式开拓视野,提高思维能力,锻炼实践能力以及增强团队协作和领导能力。这些经历对学生的未来发展具有积极影响,可以帮助他们更好地适应社会。

(二)丰富学校文化生活

社团活动也是学校文化生活的重要组成部分。社团活动的多样性和创新性能够丰富学生的文化生活,激发学生的学习兴趣和创造潜力。通过社团活动,学生不仅能够学习知识,还能够发挥自己的创造性,展示自己的特长和才华。

(三)增强学生的社会责任感和公民意识

社团活动还可以增强学生的社会责任感和公民意识。社团活动可以让学生了解社会,参与公益事业,培养学生积极向上的价值观和行为习惯。这些经历可以让学生更好地认识自我,增强自信心,同时也使学生更有意识地承担起社会责任。

二、九年一贯制学校中社团文化建设的现状

目前,随着教育改革的推进,九年一贯制学校中的社团文化建设取得了一定进展,但仍存在以下几个问题:

(一)社团数量不足,类型单一

在大部分九年一贯制学校中,社团数量不足,类型也比较单一。这使得学生们的多元化需求无法得到满足,限制了他们的兴趣爱好和发展空间。

(二)社团管理机制不完善

大多数九年一贯制学校的社团管理机制不够完善,缺乏专门的社团指导老师,社团活动的规划和组织也不够科学。这样的管理制度不仅会影响社团的组织和运作,也会限制学生的参与和成长。

(三)社团活动内容单一,缺乏特色

在大多数九年一贯制学校中,社团活动内容单一,缺乏特色,学生们的学习兴趣和创造潜力无法真正得到激发。在这样的情况下,如何提高社团活动的吸引力,让学生们能够更加融入和参与其中,是需要考虑的问题。

三、九年一贯制学校中社团文化建设的问题解决方案

为了促进九年一贯制学校中社团文化建设的发展,需要采取以下措施:

（一）增加社团数量，丰富社团类型

学校应该根据学生的需求和兴趣，开设类似音乐、文学、运动、科技、公益等多种类型的社团。这样可以让学生们有更多的选择，可以更好地挖掘他们的兴趣爱好，也可以提高社团的覆盖面和参与度。

（二）建立健全社团管理机制

这意味着学校应该明确社团指导老师的职责和权利，制订科学的社团活动计划和管理制度，提高社团活动的有效性。只有这样，学生才能得到更好的指导和支持。

（三）创新社团活动内容，打造社团特色

学校可以根据学生的兴趣和特长，开展多样化的社团活动，创新社团活动内容，打造社团特色，从而激发学生的学习兴趣和创造潜力。这不仅可以提高学生的整体素质，也可以培养学生的创新精神和实践能力。

四、社团文化建设是现代教育中非常重要的一环

在九年一贯制学校中，社团文化建设更是被视为培养学生综合素质的重要手段之一，也是学校文化建设的重要组成部分。社团的存在不仅可以让学生在课余时间拥有更多的学习和交流机会，更可以开拓学生的视野，提高学生的综合素质和文化素养，为学生的未来发展打下坚实基础。

为了促进九年一贯制学校中社团文化建设的发展，需要采取多种措施。首先，增加社团数量。学校可以根据学生的兴趣和需求增加社团的类型，让学生有更多的选择。其次，保证社团类型的多样化。学校可以开设不同类型的社团，涵盖各个领域，如体育、文学、音乐、科技等，让学生在不同的领域中有所收获。再次，建立健全的社团管理机制。学校应该为社团管理制定明确的规章制度，加强社团管理的规范化，确保社团运作的顺畅和有效。最后，创新社团活动内容。学校可以安排不同类型的活动，如比赛、演出、讲座、实践等，让学生在社团活动中得到更多的锻炼和成长。

总之，社团文化建设对于提高学生的综合素质和文化素养具有重要作用。学校应该加强对社团文化建设的重视，采取多种措施促进社团文化建设的发展，为学生的未来发展奠定坚实基础。

开展"三诚教育",
培育"坦诚正直"的学校文化

上海市坦直中学是一所农村初级中学,坐落于新场镇坦直社区。坦直民风淳朴、居民勤劳善良,这里土生土长的老师和学生就像我们的地名校名一样坦诚正直,是学校一笔宝贵的精神财富。

学校目前有 21 个班级,560 名学生,进城务工人员随迁子女的比例占到 40%。学校共有 69 名教职工,专任教师 68 人,其中高级教师 11 人,区骨干教师 9 人,分别占专任教师数的 16.2% 和 13.2%,35 周岁以下的青年教师占到了 45.6%。

学校在新一轮发展规划中,明确提出了"培养学生'坦诚做事,正直做人'的优秀品质,为学生的终身发展奠基"的办学理念,并以"坦诚做事,正直做人"为校训,培养"有礼貌、讲诚信、会感恩、守规则"合格中学生。两年来,学校在华夏西校办学联合体的牵头下,积极开展促进学校发展的实验项目,以"诚实学习""诚心育人""诚信管理"为抓手,开展"三诚"教育,以培养师生"坦诚做事,正直做人"的优秀品质为核心内容,着力培育"坦诚正直"的学校文化。

一、实验背景

《国家中长期教育改革和发展规划纲要(2010—2020 年)》中提到:要坚持德育为先,加强社会主义荣辱观教育,培养学生团结互助、诚实守信、遵纪守法、艰苦奋斗的良好品质。

《上海市中长期教育改革和发展规划纲要(2010—2020 年)》中提到:加强社会主义荣辱观和传统美德教育,培养学生守法、诚信、勤俭、感恩的道德品质和行为习惯。

在中共上海市委九届十六次全会上,时任上海市委书记俞正声这样说:为更好地践行社会主义核心价值体系,上海要重点倡导"公正、包容、责任、诚信"

的价值取向。

从中央到地方都十分重视社会主义荣辱观和传统美德教育,这是为什么?因为在当今社会的各个领域中,都不同程度地存在着诚信缺失、道德缺失的现象。诚实守信本是人类最古老的道德准则,是中华民族的一个优良传统。但在今天,这一向来被奉为圭臬的传统道德正面临前所未有的冲击和考验,不断影响着校园里学生的价值观。

在这样的大背景下,学校作为培养祖国优秀人才的场所,必须承担起青少年道德教育的重任。学校认真分析了办学优势和地名的特点,力争通过开展"三诚"教育,着力培育"坦诚正直"的学校文化。开展实验项目的目标是:学校师生在校园中共同遵循的由"诚实学习""诚心育人""诚信管理"组成的"坦诚正直"的价值取向和学校"坦诚正直"的文化环境氛围以及"坦诚正直"的激励机制等因素的总和。

二、基本做法

学校确定了实验项目之后,在专家组、南汇一中教育集团兄弟学校的多次指导下,反复修改实验方案,调整实验目标。两年来,紧紧围绕"三诚教育"这一条主线,注重实践环节,强调体验内化,使创建素质教育实验校,培育"坦诚正直"的学校文化的工作落实到了学校教育教学的各项活动中。

(一)诚实为本,坚持以德育人。积极开展"诚实学习、诚信做人"系列活动,培养"有礼貌、讲诚信、会感恩、守规则"的合格中学生

1. 结合"诚实学习、诚信做人"开展学生日常教育

学校德育处经常利用升旗仪式开展"三诚教育"宣传。在开学典礼上,围绕"三诚教育"提出新学期学习工作生活的新要求。在秋季田径运动会的开幕式上,学校提出"坦诚正直,顽强拼搏"要求。学校组织六、七、八年级开展民间体育游戏比赛,在推铁环的比赛中,我们非常欣喜地看到同学们诚实守信、遵守比赛规则的优秀表现。开展"三诚教育"体现在平时,如晨跑、做眼保健操、广播体操、完成作业、考试中要做到诚实守信。此外,也体现在学校开展的各项活动中,如大队部开展的"诚信卡""诚信小报"的制作、诚信考试的倡议等。

2. 围绕"诚实学习、诚信做人"开展主题教育

学校德育处、大队部开展了"心存感恩,成就人生"为主题的感恩教育系列活动。在活动中,让每一个学生置身于浓浓的感恩情怀之中,在每个人的心中逐步培植一种感恩的思想。八年级联合中队结合学校"坦诚做事,正直做人"的校训,开展了"心存感恩,成就人生"主题队会展示活动,就像主持人说的"做一个坦诚的人、正直的人,需要心中有爱,存有一颗感恩的心"。学校还开展庆六一义卖游园活动、红十字会募捐活动、消防逃生演习、祭扫烈士陵园、鼓号队训练等,让学生在德育活动的体验中将"坦诚做事,正直做人"的优秀品质内化为自觉行为。

3. 社会实践活动,注重"诚实学习、诚信做人"的渗透

开展"十四周岁集体生日"活动,队员们通过宣誓、游戏节目等活动,体会父母对自己的养育之恩与殷切希望。尤其是当每位队员在阅读家长写给自己的信时,在歌声《烛光里的妈妈》中,他们流下了激动的泪水。开展以"实践—体验—熏陶"一日社会实践活动为主渠道,组织学生到斯曼尔服饰有限公司实践,让学生从小感受父母亲工作生活的环境、工作的艰辛。开展六年级军训活动,学习军人艰苦奋斗、爱国奉献、勇敢顽强、坚忍不拔的优良传统。

4. 班级文化建设突出"坦诚正直"元素,形成教育的合力

学校在每一间教室里都张贴"坦诚做事,正直做人"的校训,时刻提醒教育在校的每一位师生。每班的班级公约由各班结合班级实际个性化地制定,并悬挂于教室中,和学习园地、争章园地形成独特的班级文化。如七(5)班的班级公约中提了十点要求:爱国守法懂礼仪、诚实守信担责任、勤学善思会探究、自主管理讲民主、升旗仪式要庄重、集合整队快静齐、仪表整洁佩戴全、文明进餐不挑食、学会感恩知图报、勤俭节约有爱心,就很好地将育人目标"有礼貌、讲诚信、会感恩、守规则"融入进去,在班级中起到了很好的教育效果。

两年来,学校德育工作注重体验,切实有效。充分展现了学校"诚实学习、诚信做人"的学校文化特色。

(二)诚心为基,关注教师发展。认真抓好"诚心育人、尽心教学"师德建设活动,造就一支"在执行力、细节、个人素养上下功夫"的教师团队

1. 重视骨干教师和青年教师队伍建设

开展区级骨干教师的教学展示活动和青年教师的教学评比活动,每年4月

我校共有11位区级骨干教师进行教学展示活动。每年的11月份,学校围绕学校提出的"一少、二多、三准备、四体现"的好课标准,组织青年教师教学评选课活动。经过几年的磨炼和实践,许多青年教师已经能够在各自的学科和班级管理中独当一面,成为骨干。如我校的音乐教师曲径,在参加的上海市音乐学科青年教师教学评选中被评为一等奖,陈莹玉老师除了承担数学学科教学之外,在学校困难的时候挺身而出,兼任化学学科的教学,教学成果出色,被评为镇青年进步标兵。学校高中级教师与青年教师开展结对带教活动,帮助青年教师成长,提高"诚心育人"的能力。

2. 加强校本研修,开展"坦直中学好课标准"的研讨和实践活动

提高课堂教学效率,减轻学生的学业负担是教师实现"诚心育人、尽心教学"的目标。每学期中,各教研组继续根据学科特点对什么样的课是好课进行研讨和实践,学校的好课标准是"一少、二多、三准备、四体现",即"教师讲得少;学生的讨论多了、动手操作多了;准备多媒体、练习纸、提问;情景引入、三维目标、和谐的师生关系、课堂效果的及时反馈等在一节课上充分体现"。这将成为各学科教师努力的方向。

3. 平凡老师的拾金不昧事迹

2012年2月2日下午,我校的康聪老师陪伴70多岁的老母亲到瑞金医院看病后搭乘985路公交车,在车上看到一个手包,她将手包交到失主的手里,失主不断感慨:"幸亏是被一位老师捡到了!"拾金不昧是我们中华民族的传统美德,康聪老师拾金不昧的行为,充分体现了一名人民教师优秀品质和精神风貌,彰显出我校倡导的"坦诚做事,正直做人"的精神内涵。

4. 技能学科教学重视"校训"的渗透

这是辛加仁的一堂书法课,主题为"品读校徽,书写校训"。辛加仁老师通过对校徽设计图案的品读和校训"坦诚做事,正直做人"的书写,让学生充分感知、领会其中的精神内涵。这只是课堂教学中渗透文化教育的新尝试、小缩影,但由此可见,学校文化氛围的孕育应当从点滴细节入手,厚积而薄发。

两年来,在师资建设与课程教学方面。充分彰显了"诚心育人、尽心教学"的学校文化特点。

（三）诚信为先，加强民主管理。全面推进"诚信管理、人文关怀"的管理理念，形成一支"聪明、肯干、自律"的干部队伍

1. 制定新一轮发展规划，进一步厘清学校办学思路

学校的办学理念明确了学校要培养的是学生完善的人格和良好的品质，培养学生做一名"坦诚做事，正直做人"的人，实现"人如校名，校如其名"的目标。即使某一天，我们离开坦直中学，也会将校训时刻铭记在心，我们做事的风格、做人的品质都将刻上"坦诚正直"的烙印。

2. 进一步完善学校管理制度，重视发挥教职工的办学主体作用

在多方征询意见和建议的基础上对《学校改革方案》等进行全员讨论，学校网站公示，提交教代会审议表决。每月的绩效工资的发放，以及每月请假、加班、优秀的评选、财务使用情况等也会进行公示，使学校管理更透明公开。学校领导根据教职工反映的问题及时解决和反馈答疑。主动关心教职工生活，开展"送温暖"工程。最近学校一位老师因椅子陈旧散架坐空掉在地上，一位老师因准备实验器材不小心割破了手指，学校工会都在第一时间前去探望，为老师送去温暖。

3. 学校开展"诚心育人、尽心教学"系列师德建设活动，逐步形成了"有教无类""诲人不倦"的"坦诚正直"的教育观

学校工会开展"做学生知心人"的活动，提高教师诚心育人的能力，将关心学生的行动落到实处。我校的罗晓玲老师被评为浦东新区十大学生知心老师称号。开展"做一名负责任的老师"活动和"校训指引我成长"征文活动。徐海乐老师在他的文章中讲道："坦诚，就是坦荡诚实；正直，就是刚正不阿。这样的人越多，我们的校园就越能够吸引人。"

4. 建设"坦诚正直"的学校文化环境

学校门口悬挂"坦诚正直"的宣传标语。学校的两条主干道分别命名为：坦诚路、正直路。学校的橱窗的布置开展"坦诚正直"的学校文化培育的活动图片。教学楼走廊师生作品内容紧扣学校"坦诚正直"的学校文化培育的中心工作。班级公约、黑板报等都以"诚实学习，诚信做人"为主题。这些都让师生置身于浓浓的"坦诚正直"的学校文化氛围中，共同教育着师生坦诚做事、正直做人。

两年来，学校管理运行规范有序，和谐民主，充分体现了"诚信管理、人文关怀"的学校文化特质。

三、后续思考

两年来,学校积极开展"三诚教育",着力培育"坦诚正直"的学校文化。经过两年来的努力,学校形成了较好的校风、教风、班风和学风,学生中"诚实守信"已蔚然成风,教师群体中"诚心育人"已成为自觉行为。但我们十分清楚:这一实验项目只是刚刚起步,培养师生"坦诚做事,正直做人"的优秀品质,培育"坦诚正直"的学校文化是一个长期而艰巨的过程。学校将在新一轮学校发展规划的实施过程中继续开展实验项目的实践与研究。主要的思考有:

(一)依托专家组和华夏西校联合体作用,有效引领项目实施

在项目实施过程中,学校走了不少的弯路。在接下来的项目实施过程中,学校应充分通过专家引领来解决实践过程中遇到的难题和方向问题,这是我们在此次实验中体会非常深刻的一点。学校通过华夏西校、石笋中学、坦直中学组成的办学联合体的优势来促进我校整体办学水平的提高,最终形成明显具有"坦诚正直"学校文化的办学特色。

(二)挖掘丰富的社区资源,形成共同进步的格局

坦直小学提出了"坦诚、正直、负责、创优"的校训。坦直中学就要积极与小学联系,延续小学中优秀的做法。同时学生家长、当地名人、人文景点等都是丰富的教育资源,等待着我们进一步挖掘,只有当学校、社区、当地居民一起承担起培育学生"坦诚正直"优秀品质的重任,才会形成共同发展的教育格局。

(三)开展系统课程开发,凸显项目成效

在对项目实施的内涵做进一步思考分析的基础上,从制度完善、课程开发等环节上寻找新的突破口。重点是由德育处、教务处组织政治教研组的老师结合学校实际编写以"诚实学习,诚信做人"为主要内容的校本教材课程,在起始年级排入课表,有计划地施教。同时,对开展的系列德育活动方案课程化、系统化,使教育的实效性、成效更加明显。

"培养学生'坦诚做事,正直做人'的优秀品质,为学生的终身发展奠基"是我们的办学理想,我们将一如既往、坚持不懈地开展"三诚教育",培育"坦诚正直"的学校文化,努力承担起教育学生、培养学生、发展学生的重任!

洗去铅华，本真育人

> 文章作到极致，无有他法，唯求恰当；做人做到极致，无有他法，唯求自然；学校教育要得到发展，亦无他法，唯求本真。
>
> ——题记

2006年是学校完成第一轮三年发展规划(2002—2005)实施，并开始制定第二个三年发展规划(2006—2009)的一年，然而，学校当时的处境却颇为尴尬：作为一所农村薄弱学校，它刚刚完成了上海市加强初中建设工程，使得学校的校园校貌、设备设施等都得到很大改善。尽管学校的管理水平、教育教学水平、师资水平有所提升，但与区内其他学校相比，这些方面都还在低位徘徊，这也是学校在新一轮三年发展中亟须改变的现状。根据学校实际，我们确定了学校今后发展的六项重点工作：依法办学，完成规划制定的各项目标，创建南汇区素质教育实验校；不断优化教师队伍，提升学校办学的软实力，提高教育教学质量；关心教职工的身心健康；改善学校的办学条件及教师的办公条件；逐步形成学校的办学特色；进一步完善学校的管理制度，促进学校的可持续发展。

一、营造氛围，加强管理，传递管理者的人格魅力

天时、地利不如人和。学校首先注重营造宽松和谐的人际环境，提出"善待师生，和谐共进"的办学理念。我们既充分尊重待每一位教师，又公平对待他们，同时又积极说服教师顾全大局，化解矛盾。这样大家都能心情舒畅地工作，积极性得到充分发挥，学校氛围也因此大为改观，整个校园呈现出一派祥和气象。学校在决策过程中，充分发扬民主，多方征询意见和建议。树立服务意识，切实从学校的发展、教师的利益出发，急教师之所急，想学校之所想，注重实际，办实事。

学校要求行政人员做到：在工作作风上服务于教职工；在工作能力上优秀

于教职工;在工作方法上创新于教职工。

要求教职工承担起六大责任:热爱坦直中学,处处维护学校的声誉与形象;认真做好本职工作;严格遵守学校规章制度;不断提高教育教学能力和水平;积极参与学校民主管理,促进学校和谐发展;树立团结合作的意识。

另外,要注重学校领导班子建设,特别是校长本人应以身作则,要求自己努力践行"廉洁、勤政、公正、宽容":不牟取个人利益;身先士卒,在工作实践中树立威信;公正看待身边的每一位教工;做到能容人之短,更要容人之长。通过自身素养的提升来提高实际工作水平,用自己的实际行动潜移默化地感染他人,引领他人成长。

二、优化课堂,回归本真,致力提升教育教学水平

教育教学水平是学校的生命线,是学校工作的重中之重,学校回归到教育教学的本真,提出了"重视教学五环节,落实教学'五认真'"的要求。要求教师在教学过程中必须做到:1.重视教学五环节,首先从备课上下功夫;2.落实教学"五认真",确保教学过程的有效完成;3.开展教学精细化管理,全面提升教学质量。

课堂教学则是学校教育教学的主阵地。在优化课堂环境中,我们从探索改变入手:一是改变教师的教学理念;二是改变教师每天都在进行着的、习以为常的教学行为;三是改变课堂教学的固有模式;四是改变师生关系;五是改变学生的思维方式与学习方式。在具体的教学行为上,要保证有充分的时间让学生在课堂学习过程中能够积极主动地参与活动;要提供活动的空间,让学生能够主动投入学习过程;要采取灵活多变的方法和手段,使学生真正享受课堂教学的全过程;要精心设计教学环节,培养学生实践与创新的能力。

三、尊重理解,关注本真,促进教师的专业成长

长期以来,师资队伍建设一直是学校教育发展的一大难题,作为农村学校,师资队伍整体水平不高、配制不合理、新老更替等情况比较突出。基于此,我们应该把师资队伍建设工作放到整个学校发展的层面中去考虑,并始终贯彻"教

师要尊重和理解学生,领导要尊重和理解每一位教师"。对教师的发展努力做到"容人之短、待人有情、助人成功、让人参与"。

"容人之短"是要多看教师的长处,挖掘发现他们身上的闪光点,最大限度地发挥他们的聪明才智。同时,适时调整,委以重任,做到用人不疑,疑人不用。只有容人之短才可更好地用人之长。"待人有情"绝不是小恩小惠式的关心,而是尊重人的情感世界、缓解人的沉重感和压抑感,以亲切感取而代之。这种互相尊重、互相承认、互相促进的亲切感和信任感有利于教师能力的发挥,同时也有利于学校工作的开展。"助人成功"就是帮助教师完成个人成长的愿望,为教师的专业成长搭建平台:让老教师作为导师,完成"传帮带"的指导带教、开设示范课,承担骨干教师的责任;让新教师成为"新星""新秀"等。学校多方协助,助力教师早日取得成功。"让人参与"是由学校组织开展多种形式的教学研讨、教师论坛、青年教师演讲等活动,要求教师积极主动地参与。通过这些活动,一是唤起教师对教育教学工作的重视和兴趣,以及在完成任务后获得欣喜与满足;二是让教师在参与的过程中培养团结协作的精神;三是通过自身的参与,从中获得经验、启示和能力的锻炼,使不同角色的个体得以提升,让教师真切地感受到学校是他们发展的沃土。

在学校三年发展规划实施进程中,学校始终围绕"聚焦管理,聚焦课堂,聚焦教师专业成长",积极探索"内涵发展""以学生发展为本"的道路,根据学校长期形成的办学形式,寻找新的生长点和突破口,以此来提升学校的办学水平,为学校的发展开创一条新路。

坦直中学在两个三年发展规划的实施过程中,立足本位,追求本真,扎扎实实地通过各种有效的形式与载体,努力提升学校的综合教育水平和教学质量,取得了可喜的成绩。但真正要实现学校的可持续发展,任重而道远,需要全校同仁不懈地追求和探索。

论素质教育目标指导下学校激励机制的运用

随着素质教育的不断推进,学校对学生的激励机制也日趋重视。本文基于素质教育的理念,结合实践经验,对于学校激励机制的构建和运用进行了分析和探讨。本文从激励机制的定义、构建、运用三个方面进行探讨,并提出了一些具有实际可行性的建议,以期促进学校激励机制的不断完善。

一、激励机制的定义

学校激励机制是指在学校中,为了激发学生的学习热情和自主性,鼓励他们发挥潜力,提高成绩表现和综合素质而设置的一系列奖惩措施。通过正向激励和适当的引导,学校的激励机制可以帮助学生形成正确的学习态度和价值观,促进学生思维能力和创造力的发展。同时,学校激励机制也是学校管理的重要组成部分,有利于提高学校整体的教育质量和声誉。在学校激励机制中,奖励可以采取多种形式,如表扬、颁发奖金奖章等,而惩罚也可以采取多种手段,如警告、扣分、留校察看等。重要的是,学校激励机制要公正、透明、科学,不仅要考虑学生的个人差异和需求,还要关注整体效果和长远发展。因此,学校激励机制的设计和实施需要学校管理人员、教师和家长的共同努力,以实现最大化的效益和价值。

激励机制的目的是激励学生在学习和生活中更好地发挥自身潜力,提高学生的学习和生活质量,促进学生全面发展。学校激励机制应当具备以下几个方面的特点:

(一)灵活性

学校激励机制应当具备一定的灵活性。因为每个学生的情况和需求都是不同的,所以学校激励机制应当能够根据学生的不同情况和需求进行相应的调整和改变,以更好地激发学生的学习兴趣和积极性。

(二) 公正性

学校激励机制应当具备公正性。这是非常重要的一点,因为学校激励机制应当公正、公平,不因个体的差异而产生歧视或不公。只有这样,才能保证每个学生都有公平的机会获得激励,从而更有效地唤起他们的学习动力,并激发他们的好奇心。

(三) 可操作性

学校激励机制应当具备一定的可操作性。这意味着学校激励机制应当便于学生理解和使用,贴近学生的实际需求,不能过于复杂或抽象。

(四) 鼓励性

学校激励机制应当具有鼓励性,这是学校激励机制最重要的一个方面。这有利于激励学生积极参与学习和生活,促进学生的全面发展。

二、激励机制的构建

(一) 明确学校激励机制的目标和内容

在制定激励机制之前,学校应该深入了解学生的需求和特点,制定目标,明确需要激励的方面,并根据不同阶段和不同目标设置不同的内容。例如,对于初中生,可以通过表彰优秀的学习成绩、鼓励参与竞赛等方式激励学生;对于高中生,可以通过培养学生的领导力、创新能力和社会责任感等方面来激励他们。总之,激励机制的构建需要不断地适应学生的发展需求,为他们提供全面的发展和成长的机会。

(二) 建立规范化的激励机制

建立规范化的激励机制,是学校管理工作的重要组成部分。激励机制的公正、公平和合理性,是保障学生权益和促进学校发展的重要保障。学校应当制定明确的激励标准和措施,以确保激励制度的有效实施。学生的不同表现可以得到不同的激励措施,如奖学金、荣誉称号、学术竞赛获奖等。这些激励措施不仅可以激发学生的学习兴趣和积极性,也可以增强学生的自信心和自尊心,促进学生全面发展。

(三) 构建激励机制与教育目标的对接

构建激励机制与教育目标的对接,是学校管理工作的重要任务。学校应当以教育目标为导向,制定符合学生不同阶段和目标的激励措施。例如,初中阶段可以设置以学术成绩为基础的激励措施,可以设置以体育成绩和社会活动为基础的激励措施。这些激励措施不仅可以为学生提供实实在在的奖励,也可以帮助学生形成正确的学习态度和价值观。同时,学校还应当注重激励机制的持续性和稳定性,确保学生的激励兑现和激励对象的公正性。只有这样,学校的激励机制才能真正发挥促进学生成长和发展的作用。

三、激励机制的运用

激励机制是一种有效的管理方式,也是教育中重要的一环。在学校教育中,激励机制可以帮助学生更好地发挥自己的潜力,提高学习成果和综合素质。下面就来详细探讨激励机制的运用。

(一) 运用激励机制可以调动学生的积极性和主动性

学生在学习和生活中需要动力和激励来更好地发挥能力和才智。因此,学校应该通过设置一系列的激励措施,如奖励、表彰、荣誉等,来激发学生对学习和生活的兴趣和热情。这样可以让学生更加积极主动地投入学习和生活中,从而提高学习成果和综合素质。

(二) 运用激励机制可以提高学生的自主学习能力

自主学习能力是学生在学习中非常重要的一项能力,也是终身学习的基础。学校应该通过设置自主学习奖励措施,引导学生积极参与自主学习。例如,我们可以通过为学生提供阅读材料、网络资源等,引导学生积极开展自主学习,从而提高他们的独立思考和自主学习能力,为未来的学习和工作打下坚实的基础。

(三) 运用激励机制可以促进学生的全面发展

学校应该通过设置一系列的激励措施,促进学生在学习、体育、文化、社会等方面的全面发展。例如,可以为学生提供各类比赛、活动、志愿服务等,鼓励学生参与各种文化、体育、社会活动,培养学生的综合素质和社会责任感。这样可以让学生不仅在学习上有所提高,还能够全面发展,为他们未来的人生旅程铺就坚实的基石。

四、建议

（一）学校应当为学生建档并及时更新，学生的学业成绩、课外活动和社会实践等都应该被纳入档案，为激励机制的实施提供基础数据

只有这样，学校才能够清晰地了解每个学生的表现和成长情况，更好地完善激励措施。

（二）学校应当加强与社会的联系和合作，引入社会资源，为学生提供更多的奖励机会

社会资源包括企业、社会团体和各种社会组织等，学校可以与这些机构建立联系，开展各种形式的合作。这些机构可以为学生提供实践机会，也可以提供奖学金、奖品等各种奖励，激发学生的学习热情和创新能力。

（三）学校应当加强激励措施的宣传和推广，让学生和家长能够充分了解激励机制的内容和方式，提高学生和家长的积极性

学校可以通过学校网站、微信公众号、校园广播、班会等多种方式，向学生和家长宣传激励机制的具体内容和实施方式。同时，学校可以组织有关人员为学生和家长进行讲解，解答他们的疑虑和问题，确保每个人都能够充分了解激励机制的重要性和必要性。

（四）学校应当加强对激励机制的监督和评估以及反思其实施效果，及时改进和完善激励机制

监督和评估的主要目的是发现问题并及时解决，使激励机制能够不断完善和提高。为此，学校可以组织专家对激励机制进行评估，收集师生的反馈意见，及时发现问题并对激励机制进行调整和优化，以确保激励机制的有效实施。

五、结论

学校的激励机制是学校管理和素质教育的重要组成部分，它是促进学生全面发展的核心内容之一。学校应该根据学生不同的阶段和目标来制定不同的激励措施，以激发学生的学习热情和主动性，逐步培养学生积极向上的品格。

在学校管理中，激励机制的规范化建设是非常必要的，这可以帮助学校更好地完成教育目标和任务。学校应该根据学生的特点和需求,制订科学合理的激励计划,鼓励学生努力学习、积极参加课外活动和社会实践,提高自身素质和综合能力。

学校应该加强对激励机制的培训与教育,提高教师和管理人员的激励意识和管理水平,以更好地推进素质教育的实施。在实践中,学校应该注意激励机制和教育目标的协调与对接,确保激励机制能够真正起到激发学生学习和发展的作用。

此外,学校还应该重视家校合作,在家庭和学校之间加强沟通和联系,共同营造一个积极向上的学习氛围,从而形成良好的激励机制。学校的激励机制不仅仅是奖励和惩罚,更是一种促进学生全面发展的教育方式。只有在激励机制的不断改进和完善下,学校才能真正实现素质教育的目标和使命。

农村九年一贯制学校中层岗位设置

一、引言

农村九年一贯制学校一直是我国农村地区普及中等教育的重要途径之一。学校的教学任务重、管理难度大，在当地教育管理中是一个普遍存在的问题。随着教育改革的深入推进，如何提高学校管理效率和教学质量成为当前亟待解决的问题。

其中，中层干部作为学校管理和教学改革的中坚力量，对于推进教育事业的发展具有重要作用。他们负责学校管理的各个方面，包括教学计划的制订、教师队伍建设、学生管理等，这些工作都需要他们的精细管理和协调。在这个过程中，中层干部要具备一定的专业知识、管理经验和领导力，以便能够推进和实现学校的教育目标。

探讨农村九年一贯制学校中层岗位的设置问题，具有理论和实践意义。在理论上，研究中层岗位的设置方式和管理模式，可以提高中层干部的组织管理能力和领导力，为学校的发展和教育改革提供理论支持。在实践上，科学合理地设置中层岗位，可以激发中层干部的工作热情和创造性，促进学校管理的协调和高效运作。

因此，中层岗位的设置问题不仅关系到学校管理和教学质量的提升，还关系到教育事业的发展和乡村振兴战略的实施。只有提升中层干部的素质和能力，才能推动乡村教育的繁荣发展，进而促进农村地区的经济发展和社会进步。

二、农村九年一贯制学校中层岗位设置的现状

随着教育改革的不断深入和发展，农村九年一贯制学校的管理和教学质量的要求在不断提高。然而，在农村九年一贯制学校中，中层岗位设置却相对较为单一，只有教务处、德育处、学科组长等少数岗位，这样的设置使得学校管理

人员的工作重心很容易失衡,难以有效地承担学校管理的多项职责。

其中,教务处是学校管理的重要组成部分,负责课程、教学、考试等方面的管理工作。而德育处则是负责学生德育管理工作的部门,包括学生思想政治教育、校园文化建设、学生纪律管理等。学科组长则是负责学科教学质量管理的岗位,负责组织教师教研活动、推广教学新方法等。

然而,尽管这些岗位具有一定的重要性,但它们却不能满足学校管理和教学改革的实际需求。学校管理需要协调各部门之间的关系,统筹安排和管理学校的各项事务。而教学质量的提高需要有针对性地进行管理和改进,例如课程设置、教学方法、考试制度等方面的改革,这些都需要中层管理团队的协作和支持。

农村九年一贯制学校中层岗位设置的单一性已经成为不容忽视的问题。为了满足学校管理和教学改革的需要,学校中层管理人员必须掌握更多的管理技能和专业知识,以便更好地协调学校各项管理工作,提高教育教学质量,为学生的成长和发展创造更好的条件。

三、农村九年一贯制学校中层岗位设置的合理方案

在农村九年一贯制学校中,中层岗位的合理设置是非常重要的。为了更好地促进学校的发展,我们建议设立三个中层岗位:课程与教学研究室、学生管理与服务中心,以及行政服务中心。

(一) 设立课程与教学研究室

设立课程与教学研究室,可以帮助学校开展课程改革和教学改革。该中层岗位的主要职责是制订学科教学计划、研发教学资源、组织教学培训和评估,以及推广优秀教学经验等。通过这个中层岗位的设立,可以确保学校教学质量的提高和对师生的关注。该研究室可以设置教研组长、教研员等岗位,支持教师开展创新性教学实践。

(二) 设立学生管理与服务中心

设立学生管理与服务中心,可以更好地管理学生工作,为学生提供专业化的服务。该中心可以设置学生工作主任、心理咨询师等岗位,提供专业化的学生服务和管理。

(三) 设立行政服务中心

行政服务中心是学校行政服务的重要机构。其主要职责是处理学校日常行政事务、管理学校资产、维护学校环境和设施等。该中心可以设置行政主任、后勤管理员等岗位，支持学校日常行政工作的顺利进行。

四、农村九年一贯制学校中层岗位设置方案的实施效果评估

(一) 提高教学质量

在优化学校管理结构的基础上，明确中层干部的工作职责，避免工作重心失衡。同时，中层干部可以发挥自身专业特长，提供专业化的教学支持和服务，促进教学质量的提升。

(二) 提高学校管理效率

中层干部对于推动管理和教学改革具有重要作用。他们可以制订具体的管理和教学计划，组织教师开展教学实践和科研活动，推广优秀教学经验和管理经验，提高学校管理效率。

(三) 促进教育事业的发展

中层干部的存在可以激发教师的工作积极性和创新性，进而提高教育质量。同时，中层干部可以为学校的未来发展提供战略性规划和支持，推动学校不断向更高的层次发展。

五、结论

经过对中层岗位的合理设置在农村九年一贯制学校的管理和教学改革中作用的分析，我们可以得出：中层岗位的设置对农村九年一贯制学校的管理和教学改革具有非常重要的作用。通过设立课程与教学研究室、学生管理与服务中心、行政服务中心等中层岗位，可以提高学校管理效率和教学质量，促进教育事业的发展。农村九年一贯制学校应该注重中层干部的培养和引进，打造一支高素质的管理和教学团队，为乡村教育事业的发展做出贡献。中层岗位不仅可以在管理上起到调度和协调的作用，更重要的是将教育教学与管理相融合，可以有效提高学校管理和教学的质量。通过中层岗位的设立，可以使学校管理更

加科学化、规范化、专业化,在实现学校管理和教学目标的同时,也对培养学生全面发展有着不可忽视的促进作用。因此,中层岗位的合理设置是农村九年一贯制学校管理和教学改革中不可或缺的一环。

农村学校信息技术应用探讨

近年来,随着信息技术的飞速发展,其快速、高效、便捷的特点已经被广泛应用于各个领域,特别是在教育领域。教育是人类社会发展的重要基石,信息技术在教育中的应用,可以提高教学效率,增强学生学习兴趣,拓展学生知识领域,同时也可以促进教育教学的现代化,适应信息时代的发展需要。

然而,虽然信息技术在城市的教育领域已经得到了广泛的应用和推广,但在农村学校中,其应用仍面临一些问题。由于农村学校的条件相对较差,信息化水平相对较低,信息技术在农村学校中的应用受到了很大的限制和阻碍。这样的情况不仅影响了农村学生的学习和成长,也制约了农村教育的发展和进步。对农村学校信息技术应用的问题进行探讨显得尤为必要,本文将对农村学校信息技术应用的问题进行探讨,并提出改进建议。

一、信息技术与教育的融合

信息技术与教育的融合是当今教育领域中备受关注的热门话题。它指的是将信息技术与教育有机结合起来,在教学过程中应用信息技术,以提高教育教学效率和质量。这种融合方式将计算机技术、互联网技术、多媒体技术等技术手段与传统的教育教学方法相结合,为学生提供了更多的学习机会和资源。

信息技术与教育的融合不仅能够改变传统的教学方式,实现教育教学的现代化,同时还能够提高教育教学质量,拓展学生的知识领域,提高学生的综合素质。通过信息技术,教师可以更加灵活地设计教学方案,开展针对性更强的教学活动,使学生在更加自由的氛围中学习,并更好地理解和掌握知识。

信息技术与教育的融合还能够为学生提供更加直观、生动的学习方式。例如,在教学过程中使用多媒体技术,可以用图片、声音、视频等多种形式展示知识,激发学生的学习兴趣,同时也可以更加直观地呈现知识,帮助学生更好地理解和记忆所学内容。

信息技术与教育的融合是一个不断发展的领域,它为教育教学带来了诸多机遇和挑战。在未来的发展中,我们需要不断探索和创新,将信息技术与教育结合得更加紧密,为学生提供更加优质的教育资源。

二、农村学校信息化建设的现状

目前,我国农村学校信息化建设的水平相对较低,主要表现在以下几个方面:

(一) 硬件设施不足

对此,应该加大对农村学校信息化建设投入的力度,多渠道筹措资金,保障农村学校基础设施建设的顺利进行。此外,还应该加强对农村学校计算机和多媒体设备的维护和管理,确保设备使用寿命的延长。

(二) 网络建设不完善

应该加强农村学校网络建设的投入和管理,提高网络连接速度和稳定性,确保网络能够满足教学和管理需求。

(三) 师资力量不足

应该采取多种措施,吸引优秀的信息技术人才到农村学校任教,提高农村学校教师的信息技术水平,培养更多的信息技术人才。

(四) 信息技术应用能力较差

应该加强对农村学校教师的信息技术培训,加强对信息技术教育的宣传和推广,提高农村学校教师和学生的信息技术应用水平,促进信息技术与教育教学的深度融合。

三、影响农村学校信息化建设的因素

(一) 经济条件

农村学校经济条件有限,缺乏投入,导致农村学校信息化建设水平相对较低。因此,需要政府增加对农村学校信息化建设的投入,同时鼓励社会资本投入,提高农村学校信息化建设水平。

(二) 政策支持

政策支持对农村学校信息化建设具有重要作用,政府应加大对农村学校信息化建设的支持力度,鼓励社会资本投入。同时,政策制定者应制定更加完善的政策,为农村学校信息化建设提供更加有力的支持。

(三) 师资力量

农村学校信息化建设亟须专业的信息技术教师,因此,加强对教师的培训,提升其信息技术水平,对推动农村学校信息化建设至关重要。

(四) 学校管理水平

提升学校管理水平可以有效提高信息化建设的效率,进而增强学校整体效益。因此,需要加强对学校管理的培训和教育,为农村学校信息化建设提供有力的保障。

四、信息技术在农村学校的具体实践

信息技术在农村学校的应用可以优化教学方式,提升教学效率,同时也可以拓展学生知识领域,提高学生学习兴趣。具体实践包括以下几个方面:

(一) 建设数字化校园

建设数字化校园是信息技术应用的一个重要手段。通过采用计算机、互联网等技术手段,可以实现信息交流、管理、服务等全面数字化。这样,学校管理人员可以更高效地管理学校信息,同时也能够提供更加便捷的服务,让师生更加便利地获取信息。

(二) 建设多媒体教室

通过建设多媒体教室,可以实现音、像、文字等多种媒体形式的教学,提高教学效率。学生可以更加直观地了解所学知识,同时也更加容易掌握和理解。

(三) 开展网络课程

通过网络课程的开展,可以拓宽学生的知识领域,提高学生学习兴趣。学生可以通过网络课程学到更多的知识,同时也能够与更多的人进行互动交流,增强自身的学习能力和竞争力。

(四) 建设电子图书馆

通过建设电子图书馆,学校可以提供更加丰富的学习资源,让学生更加便捷地获取知识。学生不仅可以通过电子图书馆进行自主学习,还能通过网络进行互动交流,从而有效拓展自己的知识面。

(五)加强信息技术培训

通过加强信息技术培训,可以提高师生的信息技术应用能力,促进信息化建设的发展。学校可以组织各种形式的培训和讲座,让师生了解信息技术的应用和发展前景,提高信息素养和应用能力。

五、信息技术在教学中的作用

信息技术应用在教学中,可以提高教学效率,拓展学生知识领域,同时也可以提高学生学习兴趣。具体作用包括以下几个方面:

(一)教学资源共享

信息技术能够实现教学资源共享,这意味着每个学生都可以获得全国优秀教育资源。这些资源包括视频、音频、图像等多种形式的教学资料,而且它们都具有高质量和丰富性。这种共享模式可以打破地域限制,让学生在同样的起点上开始学习,提高了教学的公平性和效率。

(二)个性化教学

信息技术可以实现个性化教学,这是因为每个学生都有其独特的学习方式和节奏。在传统的教学模式下,教师只能按照课程表上的进度去教授知识,无法顾及每个学生的个性差异。而信息技术则可以让每个学生都可以按照自己的节奏和方式学习,让教学更加贴近学生的需求和实际情况。这种个性化教学模式可以提高学生的学习效率和兴趣,让他们更加主动地去探索知识。

(三)多媒体教学

在信息技术的支持下,多媒体形式的教学资料可以被灵活地应用于教学中。这种教学方式对于视觉、听觉等方面的刺激更为充分,能够大大提高学生的学习效果。同时,多媒体教学可以使教学内容更加生动、直观,让学生更加容易理解和记忆。

(四)互动式教学

互动式教学能够激发学生的学习兴趣和积极性。在传统教学模式下,学生往往是被动的接受者,而互动式教学则可以让学生更加积极地参与到教学中来。通过信息技术手段，学生可以更加自由地表达自己的看法和想法，与教师和同学进行交流和互动。这种互动式教学模式可以培养学生的团队意识和合作精神，提高了学生的学习效果和社交能力。

六、信息技术在管理中的作用

信息技术应用在管理中，不仅可以提高工作效率，减少工作量，还可以提高管理水平。具体作用包括以下几个方面：

（一）信息共享

信息共享是信息技术应用的一个重要方面。通过信息技术手段，可以实现信息的共享，让每个管理人员都可以了解学校的各种信息，从而更好地把握学校的发展趋势，做好规划和决策。

（二）信息查询

通过信息技术手段，管理人员可以更加便捷地获取各种信息，节省时间和精力，从而更加高效地完成各项工作。

（三）信息处理

通过信息技术手段，管理人员可以快速处理各种信息，从而更加高效地完成各项工作。

（四）信息统计

通过信息技术手段实现信息统计，管理人员能够更加全面地了解学校的运营情况，从而更好地把握学校的发展趋势，提高管理水平。

七、如何进一步推进农村学校信息化建设

为了进一步推动农村学校信息化建设，需要从以下五个方面入手：

（一）加大政策支持力度

政府应该加大对农村学校信息化建设的支持力度，包括提供政策性支持、资金扶持、税收优惠等措施，为农村学校的信息化发展提供更优质的条件。

（二）加强师资力量建设

农村学校需要招聘更多优秀的信息技术人才，同时要加强师资力量建设，

为教师提供更多的信息技术培训机会,提高教师的信息技术应用水平,从而更好地推动农村学校信息化建设。

(三)提高硬件设施水平

农村学校需要提高硬件设施水平,增加计算机、多媒体等设备的数量,提高学校信息化水平。同时,还要加强对硬件设备的维护和管理,确保设备的正常运行,保障教学工作的顺利进行。

(四)开展信息技术培训

农村学校需要加强信息技术培训,提高教师和学生的信息技术应用能力,促进信息化建设的发展。培训内容应包括基础知识、教育应用、管理技能等方面,力求提高参训人员的信息化水平和应用能力。

(五)加强管理水平

农村学校需要加强管理水平,提高信息化建设的效率。加强管理包括制订科学合理的信息化建设计划、建立健全信息化管理体系、做好信息安全保障等方面。只有加强管理,才能确保信息化建设的顺利进行,取得更好的成果。

八、结论

农村学校信息化建设是我国教育现代化建设的重要组成部分。尽管农村学校信息化建设已经取得了一定的进展,但在实际操作中仍存在着诸多问题。首先,政策支持不够充分,这会使得农村学校信息化建设的推进受到制约。其次,师资力量建设不足,这会导致信息化教学水平不高,信息化教育资源无法得到合理利用。再次,硬件设施水平较低,信息化设备的缺乏、维护不及时等问题也会对信息化教学产生不利影响。最后,信息技术培训和管理水平不够成熟,这会使得信息化教育资源无法得到有效管理和利用。

然而,农村学校信息化建设也正处于发展的机遇期。政府出台了一系列支持农村教育发展的政策,农村学校也逐渐意识到信息化建设的重要性,积极主动开展信息化建设。在这个过程中,我们应该从政策支持、师资力量建设、硬件设施水平、信息技术培训和管理水平等方面入手,加强农村学校信息化建设。在政策支持方面,政府应该加大对农村学校信息化建设的投入力度,为农村学校提供更多的政策支持和资金保障,推动农村学校信息化建设的进程。在师资力量建设方面,农村学校应该加强对教师的信息技术培训,提高教师的信息化教学能力。同时,学校也应该引进更多的信息化教育资源,为教师提供更加丰富、多元的教学资源。在硬件设施水平方面,农村学校应该加强对信息化设备的更新和维护,确保设备的正常运转,为信息化教学提供更加稳定和高效的技术支持。在信息技术培训和管理水平方面,农村学校应该加强对信息技术管理的规范和完善,确保信息化教学资源能够得到更加合理有效的利用。

综上所述,农村学校信息化建设虽然面临很多问题,但也蕴含着众多发展机遇。我们应该加强农村学校信息化建设,从政策支持、师资力量建设、硬件设施水平、信息技术培训和管理水平等方面入手,实现教育教学的现代化。只有这样,才能促进农村教育的长足发展,为推进我国教育现代化建设做出更大的贡献。

浅谈目标管理法在教育管理中的运用实践探究

一、绪论

（一）研究背景

教育管理是专门针对教育领域的管理学科，其目的是通过对教育机构、教育资源和教育过程的管理，实现教育质量的提高和教育效益的增加。教育管理是一项复杂的工作，涉及教育行政、教育经济、教育法律等多个方面。在教育管理实践中，如何确立有效的目标、制订科学的计划、实施有效的措施，是教育管理者需要面对的重要问题。

目标管理法（Management by Objectives，简称 MBO），是一种基于目标的管理方法，其核心理念是通过制定具体的目标，建立目标导向的管理模式，以确保组织的方向性、准确性和一致性。目标管理法在企业管理中应用广泛，取得了良好的效果。然而，在教育管理领域，目标管理法的应用仍存在一些问题和不足之处，如何将其有效地应用于教育管理实践中，是值得深入探讨的问题。

（二）研究目的

本文旨在探讨目标管理法在教育管理实践中的应用，以及如何优化目标管理方法来提高教育管理的效率和效果。具体研究目的如下：

1. 分析目标管理法的基本原理和应用范围；
2. 探讨目标管理法在教育管理中的实践应用；
3. 评估目标管理法在教育管理中的效果；
4. 提出目标管理法在教育管理中的优化策略。

（三）研究意义

本文对目标管理法在教育管理中的应用进行了系统研究和分析，具有以下意义：

1. 促进教育管理实践的创新

目标管理法的应用可以帮助教育管理者更好地制定目标和方案,提高教育管理的效率和效果,推动教育管理实践的创新。

2. 为教育管理者提供参考

本文对目标管理法的应用进行了详细的阐述和分析,为教育管理者提供了有益的参考和借鉴。

3. 为学术研究提供参考

本文对目标管理法在教育管理中的应用进行了深入研究和分析,为学术研究提供了有价值的参考。

(四)研究内容与方法

本文主要研究目标管理法在教育管理实践中的应用,包括目标管理法的基本原理、应用范围、优缺点等方面的分析,目标管理法在教育管理中的实践应用、效果评估等方面的探讨,以及目标管理法在教育管理中的优化策略等方面的提出。

本文采用文献研究法、案例分析法等多种研究方法,通过对国内外相关文献和案例的梳理和分析,结合个人实践经验,探讨目标管理法在教育管理实践中的应用,以及如何优化目标管理方法来提高教育管理的效率和效果。

二、目标管理法概述

(一)目标管理法的定义

目标管理法是目标管理学派提出的一种管理方法,它强调以目标为导向,通过制定具体的目标和计划,来指导组织的行为和决策,实现组织的长远发展目标。目标管理法将目标与行动结合起来,强调目标的具体性、可衡量性和可达成性,同时也注重目标的灵活性和可适应性。

(二)目标管理法的应用范围

目标管理法可以应用于各种组织和管理领域,包括企业、政府、非营利组织和教育机构等。在企业管理领域,目标管理法主要用于制定企业的战略和计划,促进企业的业务和管理的整体性;在政府管理领域,目标管理法主要用于规划政府的发展目标和工作计划,促进政府的高效、透明和负责任的管理;在非营利组织领域,目标管理法主要用于指导组织的服务和管理工作,提高组织的社会影响力和可持续发展能力;在教育管理领域,目标管理法主要用于制定学校的教育目标和计划,促进学校的教育教学质量和管理效率。

(三) 目标管理法的优缺点

目标管理法具有以下优点:

1. 促进组织的整体性和连续性

目标管理法能够促进组织内部各部门之间的协调和合作,保证组织的整体性和连续性。

2. 提高管理的效率和效果

目标管理法能够帮助管理者更好地制定目标和计划,提高管理的效率和效果。

3. 激发员工的积极性和创造性

目标管理法能够激发员工的积极性和创造性,提高员工的工作动力和工作满意度。

4. 提高组织的适应性和灵活性

目标管理法能够帮助组织及时适应内外部环境的变化,保持组织的竞争力和生存能力。

目标管理法也存在以下缺点:

1. 目标过于理想化

有些目标可能过于理想化,难以实现,会导致员工的失望和挫败感。

2. 目标可能存在冲突

有时候,不同的目标可能存在冲突,管理者需要在实践中进行权衡和调整。

3. 目标可能存在过度强调结果的倾向

在追求结果的过程中,可能会忽略过程和方法的重要性,导致员工的不满和抵触。

三、目标管理法在教育管理中的应用

(一) 目标管理法在教育管理中的基本原理

在教育管理中,目标管理法可以应用于学校的各个方面,包括教学质量、师资队伍、学科建设、校园文化等。目标管理法在教育管理中的基本原理如下：

1. 以目标为导向

目标管理法的核心是以目标为导向，将目标作为学校管理的起点和终点。制定具体的目标并将其分解为可执行的任务，能够帮助学校明确自己的方向和目标，有助于协调学校内部各部门之间的关系，保证学校的整体性和连续性。

2. 建立目标导向的管理模式

目标管理法强调学校管理者必须以目标为导向来进行管理，通过制定明确的目标和计划，来指导学校的行为和决策。学校管理者要注重对目标的选择和分解，确保目标具有可衡量性、可达成性和可评估性。同时，学校管理者还需要对教师进行培训和激励，提高教师的工作能力和自我管理能力，促进目标的实现。

3. 注重目标的灵活性和可适应性

目标管理法强调目标的灵活性和可适应性，学校管理者应该根据学校内外部环境的变化及时调整目标，确保与学校的长远发展目标保持一致。

（二）目标管理法在教育管理中的实践应用

目标管理法在教育管理中的实践应用包括以下几个方面：

1. 制定教育目标和计划

学校管理者可以通过目标管理法，制定学校的教育目标和计划，明确学校的使命和愿景，为学校的长远发展打下基础。

2. 制定教师目标和计划

学校管理者可以通过目标管理法，制定教师的工作目标和计划，明确教师的工作任务和职责，提高教师的工作效率和工作质量。

3. 建立绩效评估体系

学校管理者可以通过目标管理法，建立科学的绩效评估体系，对教师的工作业绩进行评估和反馈，促进教师的成长和发展。

4. 加强教学质量管理

学校管理者可以通过目标管理法，加强对教学质量的管理，制定明确的教学目标和标准，对教师的教学质量进行评估和监控，提高教学质量和教学效果。

（三）目标管理法在教育管理中的效果评估

目标管理法在教育管理中的效果评估可以从以下几个方面进行考察：

1. 目标实现程度

通过对学校制定的目标进行跟踪和评估，评估学校目标的实现程度。

2. 效益和成本的平衡

通过评估目标的效益和成本之间的平衡，评估目标管理法的经济效益和社会效益。

3. 员工满意度和工作动力

通过对员工的满意度和工作动力进行评估，评估目标管理法对员工的激励作用和促进员工发展的作用。

四、目标管理法在教育管理中的优化策略

目标管理法在教育管理中的应用需要不断进行优化和改进，以提高教育管理的效率和效果。针对目标管理法在教育管理中存在的问题，本文提出以下优化策略：

（一）加强目标制定和监控

在教育管理中，管理者需要注重目标的制定和监控，确保目标具有可衡量性、可达成性和可评估性。此外，还需要对目标进行监控和调整，及时发现并解决问题，确保教育管理的顺利进行。

（二）建立有效的激励机制

目标管理法是一种较为严格的管理方法，需要对教育管理人员进行有效的激励，以提高其工作积极性和效率。可以通过工资激励、晋升激励、表彰激励等方式，来激发教育管理人员的工作热情和创造力。

（三）引进信息技术支持教育管理

信息技术已经广泛应用于教育管理中，可以通过引进信息技术来支持目标管理法在教育管理中的应用。例如，建立信息化教育管理系统，实时监控目标达成情况，自动化生成数据报表等，提高教育管理的效率和精度。

（四）加强沟通与协调

目标管理法需要教育管理人员紧密协作和沟通，以促进管理目标的有效达

成。因此，需要加强与教育管理人员的沟通与协调，建立有效的沟通机制和协作平台，以达到共同制定目标并实现目标的效果。

五、结论

（一）研究总结

在教育管理中，目标管理法是一种有效的管理方式。本研究在对目标管理法进行深入研究的基础上，分析了其在教育管理中的运用。

首先，目标管理法能够帮助教育管理者更加清晰地确定目标，制订计划，分配资源，实现目标，并及时进行反馈和调整，从而提高教育管理效率。其次，目标管理法可以激发教育管理者和教师的工作热情和积极性，提高团队凝聚力和合作效率。最后，目标管理法还可以促进学生的自我管理和自我评价能力的培养，提高学生的学习成效和综合素质。

（二）研究不足与展望

本研究在对目标管理法在教育管理中的运用进行了深入的探讨，但还存在以下不足之处：

首先，本研究仅从理论角度对目标管理法进行了分析和探讨，尚未进行实证研究验证其在实践中的效果。

其次，本研究对目标管理法在不同教育阶段、不同类型学校、不同学科领域中的运用情况进行了初步探讨，但尚未进行深入研究。

最后，本研究还未对目标管理法在教育管理中的局限性和不足进行深入探讨。

因此，未来的研究可以进一步细化目标管理法在教育管理各环节的实践策略，并考察其在不同教育环境下的适用性，以及其对教育质量提升的具体影响机制。

中小学班级管理若干问题研究

一、绪论

（一）研究背景

班级管理是中小学教育管理的重要组成部分，其作用不仅在于促进学生学习成绩的提高，更在于为学生提供一个良好的学习环境，促进学生的全面发展。但是，在实际的班级管理中，我们也面临着一些问题，如班级纪律松散、教师管理不力、学生自主意识不强等问题，这些问题不仅会影响学生的学习成绩，还会对学生的心理健康产生负面影响。因此，对中小学班级管理的问题进行研究和探讨，具有重要的现实意义。

在现代社会中，教育在社会发展中扮演着至关重要的角色，而中小学教育作为教育体系的重要组成部分，其管理也需要不断地完善和提高。班级作为教育的基本单位，班级管理的质量和水平对学生的学习效果及整体教育质量具有直接影响。因此，加强对中小学班级管理的研究，深入了解其中存在的问题，提出相应的解决方案具有重要的现实意义。

（二）研究目的

本文旨在探讨中小学班级管理存在的问题，并提出相应的优化建议，以期为中小学班级管理提供有价值的参考与启示。通过深入的研究和分析，我们将总结出班级管理中存在的挑战，并提出相应的解决方案，以期对中小学班级管理的改进和完善产生积极的推动作用。在这个过程中，我们将全面探讨班级管理的现状、原因和解决措施，为广大教师和学生提供宝贵的参考和借鉴。

（三）文章结构

本文讨论的是班级文化建设的重要性，以及如何建立科学合理的班级组织机制以提升班级纪律执行力度。文章共包括五个部分，下面将逐一展开。

在绪论中，我们介绍了本文的研究背景、研究目的以及文章结构。班级作为学生学习和成长的重要场所，班级文化建设、组织机制和纪律执行都是影响班级氛围和学生发展的关键因素。本文旨在探讨如何营造积极向上、健康向好的班级文化，建立科学合理的班级组织机制以及加强班级纪律的执行力度。

第二部分主要探讨班级文化的建设。班级文化是班级的精神风貌和文化气息，是学生发展的重要影响因素。通过建设积极向上、健康向好的班级文化，可以激发学生的学习积极性和创造力，提升班级凝聚力和向心力。在这一部分中，我们将探讨如何通过班会活动、课外活动、班级荣誉等方面来营造积极的班级文化。

第三部分将主要介绍班级组织的建设。班级组织机制是班级管理的基础，也是推动班级文化建设和纪律执行的重要手段。在这一部分中，我们将重点探讨如何建立科学合理的班级组织机制，包括班委选举、班级规章制度建设、班级管理流程等方面。

第四部分则是关于班级纪律执行的探讨。班级纪律是保障班级正常秩序的关键因素，也是学生品德和素养的重要体现。在这一部分中，我们将探讨如何加强班级纪律的执行力度，包括班级管理规范、班级纪律执法、班级纪律制度落实等方面。

在第五部分中，我们将对本文所得结论进行总结，并提出下一步的研究方向。班级文化、组织机制和纪律执行是一体化的系统，需要综合考虑和不断完善。通过本文的讨论，我们希望能够为班级管理和师生共同发展提供一些有益的启示和经验。

二、班级文化的建设

（一）班级文化的概念

班级文化是一种非常重要的概念，它是在长期相处中形成的一种共同的思想观念、价值观念、行为准则和社会规范。班级成员之间通过相互交流、相互合作、相互支持等方式逐渐形成了一种共同的文化氛围。这种文化氛围可以促进班级内部的凝聚力和团结力，使得班级成员之间互相认同、互相尊重、互相信任和互相支持。

在班级文化中，不同的社会规范和行为准则也起着非常重要的作用。这些规范和准则可以帮助班级成员更好地理解和尊重彼此,从而避免不必要的冲突和矛盾。此外,班级文化中也包含了一些共同的价值观念,例如互助、友爱、诚信、自律等。这些价值观念可以引导班级成员在学校生活中更好地展现自己,同时也可以帮助他们建立正确的人生观和价值观。

(二) 班级文化的建设重要性

班级文化的建设是一个非常重要的任务,因为它对中小学生的成长和发展有着深远的影响。班级文化是指共同的价值观念、行为规范和文化传统等,它不仅是班级成员相互交往的基础,也是塑造班级形象和特色的重要因素。

首先,好的班级文化可以激励学生积极向上。一种积极向上的文化氛围可以激发学生的学习热情,鼓励他们在学习中不断进取,追求更高的目标。而且,班级文化中的共同价值观念和行为规范会引导学生形成正确的价值观和行为准则,从而帮助他们树立正确的人生观和价值观。

其次,班级文化的建设可以增强学生的向心力和凝聚力。一个良好的班级文化可以让班级成员在相处中逐渐建立起相互信任、相互尊重的关系,从而让学生们产生一种归属感和荣誉感。这种归属感和荣誉感会促使学生们更加珍视班级,更加努力地为班级做出贡献。

最后,班级文化的建设也对学生的道德素质和心理健康有着积极的影响。积极向上的班级文化会让学生充满自信和勇气,让他们敢于表达自己的想法和意见。而且,良好的班级文化也可以引导学生树立正确的价值观和行为准则,让他们成为道德品质高尚的人。

综上所述,班级文化的建设对于学生的成长和发展有着重要的影响。只有在一个良好的班级文化氛围中,学生才能更好地发挥自己的潜力和才能,走向更加美好的未来。

(三) 班级文化的建设策略

1. 建立班级标志

班级标志是班级文化的重要组成部分,也是班级文化的视觉符号,它可以让班级成员感到归属感和凝聚力。建立班级标志可以让班级成员在视觉上形成统一的形象,增强班级成员之间的认同感和团结感。

2. 建立班级口号

口号是班级文化的重要组成部分,它可以概括班级的宗旨、目标和理念,是班级文化的宣传语。建立班级口号可以让班级成员在心理上形成共同的价值观和行为准则,增强班级成员之间的信任感和支持感。

3. 建立班级活动

班级活动是班级文化的重要组成部分,它可以增强班级成员之间的交流,增强班级成员之间的友谊和感情。建立班级活动可以让班级成员在生活中形成积极向上、健康向好的心态,增强班级成员之间的向心力和凝聚力。

三、班级组织的建设

(一)班级组织的概念

班级组织是指在班级内部建立一个有序、稳定、高效的运作机制,以协调、管理、协作班级内各项事务。班级组织是班级管理的重要组成部分,它的建设对于保障班级管理的有序、稳定以及高效是至关重要的。一个健康、有序的班级组织,能够促进班级成员之间的合作和协作,加强成员之间的信任和支持,从而共同营造出良好的班级氛围。

(二)班级组织建设的重要性

班级组织建设的重要性不言而喻。首先,一个完善的班级组织能够提高班级管理的效率和水平,让班级管理有序、规范、高效。其次,班级组织建设可以促进班级成员之间的沟通和交流,让大家在思想上更加开放包容,以便更好地互相理解和支持。此外,一个健全的班级组织还可以为教师的教学和管理提供有力的保障,让教师更加便捷、高效地开展工作。

(三)班级组织的建设策略

1. 建立班级委员会

班级委员会是由班级成员选举产生的管理团队。委员会成员负责处理班级的事务,包括班级管理、组织活动等。建立班级委员会可以提高班级管理的效率,因为委员会成员可以分工合作,分担工作量,让班级的各项事务得到更好的处理。此外,建立班级委员会还可以规范班级管理的行为,例如制定班级规章制度,督促班级成员遵守规定,维护班级的秩序和稳定。另外,班级委员会成员之间的信任和支持可以增强班级成员之间的凝聚力和向心力,让班级更加团结。

2. 建立班级值日制度

班级值日制度是指班级成员轮流承担班级日常管理工作的一种制度。例如打扫教室卫生、整理班级物品等。建立班级值日制度有助于培养班级成员的责任感和自我管理能力,让他们养成良好的卫生习惯。此外,班级值日制度还可以促进班级管理的规范化和制度化,让班级管理更加有序。同时,值日成员之间的合作和互助也可以增强班级成员之间的友谊和凝聚力。

3. 建立班级活动计划

班级活动计划可以包括各种形式的活动,例如文艺比赛、体育竞赛、科技创新等。建立班级活动计划有利于让班级成员了解班级活动的具体安排和计划,积极参与班级活动,增强班级成员之间的交流和合作。此外,班级活动计划还可以提高班级管理的效率和质量,让班级管理更加有条不紊。最重要的是,班级活动可以加强班级成员之间的紧密联系和共同目标感,让班级更加和谐统一。

四、班级纪律的执行

(一)班级纪律的概念

班级纪律作为班级管理的重要组成部分,是指班级成员之间遵守的规范和准则。它是班级管理的基础,对于班级成员之间的关系和团队协作具有至关重要的作用。

在班级中,班级纪律得以确立并执行,其目的是维护班级的正常秩序和良好的学习氛围。班级纪律的内容涵盖了从日常行为到学习纪律等各个方面,在班级内部起到了至关重要的作用。

(二)班级纪律执行的重要性

班级纪律的执行是班级管理的重要保证,拥有良好的班级纪律,是实现班级良好管理的关键。班级纪律的执行可以促进班级成员之间的合作和协作,加强班级成员之间的信任和支持,从而形成更加积极的班级氛围。

以日常行为为例,班级纪律的执行可以避免学生在班级内部滋生出不良行为习惯,确保班级的正常运转。此外,在学习方面,班级纪律的执行可以让学生遵守课堂规范,使得课堂秩序更加有序,提高教学效果。

(三) 班级纪律的执行策略

1. 建立班级纪律制度

建立班级纪律制度是班级管理的基本要求。班级纪律制度可以规范班级成员的行为,为班级成员提供明确的规则和标准,以便他们能够更好地适应班级的规则和管理。班级纪律制度应当具有可操作性和可行性,以便班级管理者以及班级成员能够更好地理解和执行。建立班级纪律制度可以提高班级成员之间的信任和支持,促进班级纪律的有效执行和维护。

2. 建立班级纪律宣传教育

班级纪律宣传教育是建立班级纪律制度后的重要环节。宣传教育可以让班级成员了解班级纪律的重要性和必要性,以便他们更好地理解和执行。班级纪律宣传教育应当具有可行性和可操作性,以便班级管理者和班级成员能够更好地理解和执行。

3. 建立班级纪律监督机制

建立班级纪律监督机制是班级纪律执行的重要保证。班级纪律监督机制可以加强班级纪律的执行力度,规范班级成员的行为,增强班级成员之间的信任和支持。班级纪律监督机制需要多方面的支持和保障,以确保其有效运行。健全有效的班级纪律监督机制,是班级进步和发展的有力保障。

五、总结与展望

(一) 总结

中小学班级管理一直是人们备受关注的话题。在过去的几十年里,随着社会的发展和教育制度的变化,班级管理也不断更新完善。然而,随着学生群体的多样化和教育环境的复杂化,中小学班级管理中也存在着诸多问题。

在这篇文章中,我们主要对中小学班级管理中存在的问题进行了探讨和研究,并提出了相应的优化建议。我们深入分析了目前中小学班级管理中存在的文化、组织、纪律等方面的问题,以期为中小学班级管理提供一定的参考。

首先,我们从班级文化方面出发,认为中小学班级管理中存在着文化建设不足的问题。我们建议学校和班级应该注重培育班级文化,建立积极向上、和谐团结的班级氛围。为此,学校可以加强对班级文化建设的指导和培训,班级可以组织各种文化活动,增强学生的文化素养和建设集体认同感。

其次,我们对班级组织方面进行了探讨,发现中小学班级管理中存在着组织管理不规范的问题。为此,我们建议学校和班级应该建立完善的组织管理制度,明确各部门职责和工作流程,以及班委会选举、管理和考核机制等。此外,学校和班级应该注重培养学生的组织能力和领导能力,让他们在班级管理中发挥更大的作用。

最后,我们探讨了中小学班级管理中存在的纪律问题。我们认为,学校和班级应该加强班级纪律建设,建立健全纪律管理制度,明确纪律要求和违纪处罚,加强师生家长之间的沟通和合作,形成良好的纪律执行机制。同时,学校和班级应该注重学生的教育和引导,引导他们形成正确的价值观和行为规范,从而树立良好的行为榜样。

综上所述,本文提出了中小学班级管理中存在的问题及对应的优化建议。我们希望这些建议能够为中小学提高班级管理的效能,为学生的健康成长和全面发展创造更好的教育环境。

(二)展望

中小学班级管理是一个复杂的系统,涉及多个方面,如班级文化、班级组织、班级纪律等。本文主要对其中的一些问题进行了分析和研究,但是还有很多问题需要进一步研究和探讨。未来,我们可以预见,班级管理将更加注重学生的个性化需求,更加注重班级文化和团队精神的建设,更加注重班级纪律和规范的执行,更加注重家校合作和社会资源的整合。同时,随着科技的发展,班级管理也将会更加智能化和信息化,通过各种技术手段实现班级管理的高效性和便捷性。总之,班级管理的未来,充满着无限的可能性和希望,我们期待着班级管理的不断创新和进步,为学生的成长和发展提供更好的保障和支持。

课程建构

创新学习实践研究

随着社会经济的发展和科技的进步,人们对知识的需求和学习方式也在不断演变。传统的教育模式已经不能完全满足现代社会对人才的需求,学生需要具备更广泛、更多元化的知识和能力,才能适应未来的社会发展。因此,教育界也在不断探索新的学习模式,以适应时代发展的需求。

创新学习实践是一种独特的学习方式,它着重培养学生的自主学习能力,并强调他们的创新和实践能力。这种学习模式不同于传统的教学方法,它鼓励学生积极参与学习过程,自主探索知识,并将所学应用于实际情境中。创新学习实践能够培养学生独立思考解决问题和团队合作等能力,提升他们的综合素质。这种学习方式不仅能够帮助学生更好地理解和掌握知识,还能够提升他们的创造力和实践能力,使他们在未来的学习和工作中更具竞争力。在这种学习方式中,教师的角色发生了变化。他们不再是简单地传授知识,而是扮演学生的导师和帮助者的角色。学生在自主探究和实践中,通过对知识的创新性运用和实践性操作,不断提升自己的综合素质和能力。因此,创新学习实践被视为教育改革的重要措施,同时也是培养创新型人才的有效方法。创新学习实践是指在学习过程中注重培养学生的创新思维和实践能力,通过实际操作和实践活动来促进学生的综合素质发展。这种学习方式不仅能够提高学生的学习兴趣和动力,还能够培养学生的创造力、解决问题的能力和团队合作精神。通过创新学习实践,学生能够更好地理解和应用所学知识,提高自己的实际操作能力,并为未来的创新和发展奠定坚实的基础。因此,推行创新学习实践对于教育改革和培养创新型人才具有重要意义。

一、创新学习实践的定义

创新学习实践是一种全新的学习方式,与传统教育模式相比,它具有突破性的特点。该模式注重培养学生的自主学习能力和创新能力,使学生能够在实践中不断探索和创造。这种学习方式不再局限于课本知识的传授,而是通过实际操作和实践活动,让学生亲身参与,从而更好地理解和应用所学知识。这种学习模式强调学生的主动性和创造性,培养学生的解决问题的能力和创新思维,使他们能够适应快速变化的社会和工作环境。通过创新学习实践,学生能够更好地挖掘自己的潜能,提高综合素质,为未来的发展打下坚实的基础。这种学习模式追求的不是简单的知识传授,而是更深刻的思维方式的培养和实践操作技能的提高。在创新学习实践中,学生需要具备扎实的基础知识,同时也需要具备创新思维和实践操作的能力。他们需要将所学到的知识与实际生活相结合,在实践中不断提高自己的能力和素质。

培养学生的自主学习能力和创新性思维能力是创新学习实践的核心。与传统教育不同,创新学习实践中教师不再只是知识的传授者,而是学生的引导者和协助者。他们帮助学生发现问题、思考问题,同时也给予他们必要的指导和支持,使得学生能够通过自主探究和实践,不断提高自己的综合素质和能力。

教育改革中,创新学习实践被视为一项重要举措,它是培养创新型人才的一种有效途径。学生在这种学习模式下不仅能够掌握理论知识,还能够将所学到的知识应用到实际生活中,解决真实存在的问题。这种学习方式不仅能够让学生在学习中获得乐趣和成就感,还能够让他们更加自信、自主,更具创造力。因此,创新学习实践被认为是未来教育的发展趋势。

二、创新学习实践的特点

(一) 自主学习能力

创新学习实践鼓励学生发挥主动性和创造性,培养他们的自主学习能力。在这种学习模式下,学生需要通过自主探究和实践,不断发掘并解决问题。此外,学生还可以根据自身的学习状况和个人特点来选择适合自己的学习计划和学习方法。学生通过自主学习的能力可以更好地适应未来社会的变化和挑战。这种能力使他们能够独立思考、主动探索和解决问题,而不仅仅依赖于传统的教师指导。自主学习培养了学生的自信心和创造力,使他们能够适应快速变化的社会环境,并灵活应对各种挑战。这种学习方式注重培养学生的批判性思维、信息获取和处理能力,使他们能够不断学习和适应新知识和技能。通过自主学习,学生可以培养自己的兴趣和激情,并挖掘出独特的才能和技能,从而在未来的社会中取得成功。

(二) 创新能力

创新学习实践注重培养学生的创新能力。学校教育不再只是传授知识,而是更注重培养学生的创新思维和创新意识。通过创新学习实践,学生可以在创新和实践中不断提高自己的综合素质和能力,发掘自己的潜力和特长。同时,学生也可以将自己的创新成果应用到实际生活中,为社会做出贡献。

(三) 实践能力

在现代社会中,仅仅掌握理论知识已经不足以应对复杂的现实问题。因此,创新学习实践强调学生的实践能力。这种能力可以帮助学生将所学知识应用到实际生活中,并在实践中不断提高自己的能力和素养。例如,学生可以通过实践操作和实际运用,不断强化自己的实践能力和动手能力。通过这种方式,学生可以更好地理解和掌握所学知识,同时也能够更好地适应未来的职业需求。

(四) 合作能力

在现代社会中,团队协作已经成为重要的能力要求。因此,创新学习实践强调学生需具备较强的合作能力,能够与他人合作完成任务和项目。同时,学生也需要在合作中不断提高自己的综合素质和能力。例如,通过合作交流和互动,学生可以不断拓展自己的视野和知识面,同时也能够学会与他人相处和合作,这对于未来的职业发展和人际交往都非常重要。因此,在教育领域中,培养学生的合作能力已经成为一项至关重要的任务。

三、创新学习实践的实践模式

创新学习实践具有多种实践模式,其中比较常见的有以下几种:

(一) PBL(问题驱动学习)模式

PBL 模式是一种以问题为驱动的学习模式,它通过提出实际问题或创设情境,来引导学生进行自主学习和自主探究。在这种学习模式下,学生需要通过自主学习和实践操作,来解决实际问题或情境,从而提高自己的综合素质和能力。

（二）CDIO（以工程实践为基础的学科教育）模式

CDIO 模式是一种基于工程实践的学科教育模式，其核心是培养学生的实践能力和动手能力。通过实践操作和项目实践，来提高学生的综合素质和能力。在这种学习模式下，学生需要通过实践操作和项目实践，不断提高自己的实践能力和动手能力，同时也能够学会与他人相处和合作。

（三）MOOC（大规模开放在线课程）模式

MOOC 模式是一种大规模开放的在线学习模式，它通过网络平台，为学生提供自主学习和自主探究的机会。在这种学习模式下，学生可以在自己的兴趣和爱好范围内，选择适合自己的课程和学习方式，不断提高自己的综合素质和能力。

四、创新学习实践的实施策略

（一）构建适合学生的学习环境

创造性的学习和实践是教育中非常重要的一部分。为了实现这一目标，我们需要采取一些策略，以帮助学生培养自主学习和创新的能力。其中，构建适合学生的学习环境是非常重要的一环。这种环境可以为学生提供良好的学习资源和氛围，便于他们自由地探索和实践，促进其综合素质和能力的提升。

（二）提供适合学生的学习资源

我们还需要提供适合学生的学习资源，主要包括教材、网络资源、实验设备等。这些资源的质量和数量都应该能够满足学生的需求，使他们可以更加全面地学习和实践。这种资源的提供可以帮助学生更好地挖掘和发挥自己的创造力，从而在学习的过程中获得更多的成果。

（三）引导学生进行自主学习和自主探究

这种教育方式要求学生具备较高的自主学习和创新能力。教师在教学中需要充当学生的引导者和协助者，为他们提供必要的指导和支持。这种方法有助于学生更好地掌握学习技能，以及充分理解和掌握所学的知识。

（四）注重学生的实践操作和项目实践

创新学习实践强调学生的实践操作和项目实践，学生需要具备较高的实际操作能力和手工技能才能适应这种学习方式。通过参与实践操作和项目实践，学生能够不断增强自己的实践能力和动手能力,同时也能够培养与他人相处和合作的社交能力。这种实践性的学习方式能够使学生在实际操作中积累经验,提高解决问题的能力,并且通过与他人合作,学会倾听和尊重他人的意见,培养团队合作精神。通过实践,学生能够更好地理解理论知识,并且能够将所学知识与实际情境相结合,更好地应对现实生活中的各种挑战。实践操作和项目实践不仅能够促进学生的个人成长,还能够培养学生的创新思维和问题解决能力,为他们未来的职业发展打下坚实的基础。

(五)评价学生的学习效果和综合素质

评价学生的学习效果和综合素质也是创新学习实践中必不可少的一个环节,它可以更好地帮助教师了解学生的综合素质和潜力。评价学生的知识水平是指对学生所掌握的知识内容和程度进行评估,包括学科知识和跨学科知识。创新能力评价主要关注学生的创新思维和创造性表现,包括独立思考、创意产出、解决问题的能力等。实践能力评价侧重于学生在实际操作和实践中的能力表现,包括实验技能、实际应用能力和实践经验等。合作能力评价关注学生在团队合作中的表现,包括沟通协作、分工合作和团队精神等。通过这些维度的综合评价,教师可以更全面地了解学生的能力和潜力,为他们提供更有针对性的教育和培养。教师可以及时地了解学生的学习情况,并有针对性地调整教学策略和学习方法。这样可以让学生更好地适应创新学习实践的模式,进而取得更为显著的学习效果。

五、结论

创新学习实践是一种全新的学习方式,它不仅关注学生的自主学习能力,还强调培养学生的创新和实践能力。这种学习模式注重培养学生的独立思考和解决问题的能力,通过实践活动来加深学生对知识的理解和应用。学生在实践中可以发挥自己的创造力和想象力,提出新的观点和解决方案。这种学习方式能够激发学生的学习兴趣和动力,培养他们的创新思维和实践能力,提升他们在未来学习和工作中的竞争力。本文从创新学习实践的定义、特点、实践模式和实施策略等方面进行探讨,并结合实际案例进行分析和研究。研究结果表明,创新学习实践可以有效提高学生的创新和实践能力,促进学生的综合素质提升。

在今后的教育教学中，我们应该更加重视创新学习实践的应用和推广，让更多的学生从中受益。首先，教育机构应该积极引导学生尝试创新学习实践，通过课程设置和教学方法的创新，鼓励学生自主探究和实践。其次，应该建立一套完整的创新学习实践评价体系，对学生的实践成果进行量化评估，为学生提供有效的反馈和指导。最后，政府、学校和企业等各方面应该加强合作，共同推动创新学习实践的落地和发展，为学生提供更多的实践机会和资源支持。

创新学习实践是学生发展综合素质的重要途径，也是教育教学改革的重要方向。只有通过不断创新和实践，才能让学生真正掌握知识和技能，成为具有创新精神和实践能力的人才。

合作学习实践研究

合作学习已成为教育界探索教学改革的新方法。本文旨在探讨合作学习的基本概念、原理、优点以及实践中的具体操作方式。通过对国内外合作学习实践研究的综述,分析了合作学习对学生学习效果、学习态度、社会交往等方面的影响。同时,本文也讨论了合作学习在教育实践中的困难和问题,并提出了相应的对策和建议。最后,通过对合作学习实践案例的分析,探讨了如何有效实施合作学习,为教育实践中的教师和学生提供参考和借鉴。

一、绪论

(一) 研究背景

随着教育教学的不断深入发展,我们已经看到传统的教学方法面临诸多难题。这些方法已经难以满足当今多元化的教育需求,因此教育改革成为当今教育界的重要话题。为了应对这种需求,人们开始尝试新的教学方法。其中,合作学习被认为是一种非常有前景的教学方法,因为它已经在广泛应用中展现了积极的效果,引起了教育者的高度关注。

合作学习的理念十分简单:让学生之间建立起相互学习、相互支持以及相互评价的关系,从而达到学习效果的最优化。通过这种方式,学生可以在学习中相互帮助、相互促进,这不仅可以提高学习效率,还能够培养他们的团队协作能力和同理心。这些也是现代社会所需要的基本素养。

合作学习已经成为当今教育实践中不可忽视的重要组成部分。越来越多的教育机构和教师开始尝试使用这种方法来教导学生。我们相信,在未来的教育领域中,合作学习将会继续发挥重要作用,成为培养高素质人才的有效手段之一。

(二) 研究目的

本文的研究目的是探究合作学习的基本概念、原理、优点以及实践中的具体操作方式,并分析其对学生学习效果、学习态度、社会交往等方面的影响。合作学习是一种教育教学模式,通过学生之间的互动合作,实现知识的共建和交流,促进学生的全面发展。本文将重点探讨合作学习的优点,包括提高学生学习效果、促进学生合作精神、增强学生社会交往能力等方面,同时也将探讨合作学习在教育实践中的困难和问题,如评价机制、协作能力等方面,提出相应的对策和建议,以期为教育实践中的教师和学生提供参考和借鉴,从而更加有效地实施合作学习。本文不仅对合作学习的理论进行探讨,更着重于实践操作,介绍具体的合作学习模式和方法,以期能够帮助教师和学生更好地掌握合作学习的技能和方法,实现教育教学的目标。

(三) 研究方法

本文首先通过对国内外相关文献的查阅和分析,概括、归纳出了合作学习的基本概念、原理、优点和操作方式,并对其进行了详细的阐述和分析。其次,通过对国内外合作学习实践研究的综述,分析了合作学习在学生学习效果、学习态度、社会交往等方面的影响。

在本文中,合作学习被定义为一种以小组为单位的学习方式,其中每个成员都根据自身的经验和能力来贡献和分享自己的知识和技能。这种学习方式旨在提高学生的学习成绩,促进学生的学习兴趣,同时也有助于学生的社会交往和合作能力的提高。

通过文献综述法和实证分析法,本文总结了合作学习的基本原理,其中包括小组合作、相互依赖、个体责任、交流协作等,这些原则可以有效地提高学生的学习效果和学习态度。在操作方式方面,本文介绍了小组分工、互帮互助、共同学习等具体实践方法,这些方法能够有效地促进学生的知识共享和技能交流,并且有助于提高学生的合作能力和社会交往能力。

在接下来的研究中,本文对合作学习在学习效果、学习态度和社会交往等方面的影响进行了深入的分析。研究结果表明,合作学习可以显著提高学生的学习成绩和学习兴趣,同时也可以促进学生的情感交流和社会交往能力的提高。此外,合作学习还可以提高学生的创新能力和团队协作能力,这对于学生未来的职业发展非常有帮助。

综合而言,本文采用了文献综述法和实证分析法相结合的研究方法,对合作学习的基本概念、原理、优点和操作方式进行了详细的阐述和分析,并对其在学习效果、学习态度、社会交往等方面的影响进行了深入的探讨。这些研究结果对于推广和应用合作学习具有一定的指导意义和实践价值。

二、合作学习的基本概念和原理

(一) 合作学习的基本概念

合作学习是一种新型的教学方式,它以小组合作为主要形式,让学生之间建立起相互学习、相互支持以及相互评价的关系,共同完成学习任务。在合作学习中,学生可以充分地互相交流、互相协助、互相鼓励,从而达到学习效果的最优化。与传统的竞争性学习相比,合作学习更注重团队合作和个人综合素质的培养,培养学生的合作精神、创新能力、自主学习能力以及社会责任感。

在合作学习中,学生可以共同制定学习目标和计划,相互协商和分工合作,通过合作完成任务,然后进行分享和反思,从而不断提升学习的效果和质量。同时,合作学习还能够激发学生的学习兴趣和动机,提高学生的自信心和竞争力,培养学生的团队合作精神和领导能力。

在合作学习中,学生之间的互动和合作也可以促进他们的思维发展和认知能力的提高,从而更好地理解和应用所学知识。而且,合作学习还能够培养学生的人际交往能力和合作技巧,提高他们的综合素质和职业能力,为他们未来的学习和职业发展打下坚实的基础。

(二) 合作学习的基本原理

合作学习是一种通过协作来推动学习的教学方法。在这种教学方法中,学生被分成小组,以此互相交流、互相协助、互相鼓励,共同完成学习任务。这种教学方法的基本原理是,多个头脑的智慧往往超过单个头脑。在小组合作中,学生可以通过交流学习知识和技能,共同解决问题,激发出彼此的思维潜能,达到个人和集体学习效果的最优化。

除此之外,合作学习还注重学生的自主学习和自我评价能力的培养。在小组合作中,学生通过自主学习、自我评价,从而提高学习的主动性和积极性。这种教学方法不仅可以激发学生的兴趣,促进学生的思维能力和创造力的发展,而且可以帮助学生培养团队协作和沟通能力,增强社会化学习的效果。

三、合作学习的优点

(一) 提高学习效果

合作学习可以提高学生的学习效果,主要表现在以下几个方面:

1. 激发兴趣

通过小组合作,学生可以发现学习的乐趣,从而提高学习的主动性和积极性。同时,他们也可以从中学习到新的知识和技能,不断拓展自己的视野和能力。

2. 增强记忆力

在小组合作中,学生可以进行知识交流和讨论,挖掘思维潜能,增强记忆力,提高学习效果。此外,通过互相提问和回答,学生还可以巩固自己的知识,加深对知识的理解和掌握。

3. 提高思维能力

在小组合作中,学生需要共同解决问题、提出策略、评估成果,从而促进学生的思维能力、创新能力和解决问题能力等的提升。这些能力不仅可以帮助学生取得更好的学习成绩,还可以在日后的工作和生活中发挥重要的作用。

(二) 培养学习态度

合作学习可以培养学生良好的学习态度,主要表现在以下几个方面:

1. 激发学习兴趣

培养良好的学习态度是学习过程中的重要一环。在这方面,合作学习可以发挥积极的作用。合作学习可以通过小组合作的方式,激发学生的学习兴趣,让学生在合作中体验到学习的乐趣。这种学习方式可以帮助学生更加积极主动地参与到学习中来,提高学习的效率和质量。

2. 培养自主学习能力

在小组合作中,学生需要自主完成任务,自我评价和调整学习策略。这种自主学习的过程,能够帮助学生培养自我管理、自我调节的能力,让学生在学习过程中更加自信和独立。

3. 增强学习信心

在合作学习中,学生需要互相交流、互相协助、互相评价,这种合作学习的过程可以让学生得到他人的认可和支持,从而增强学生的自信心。这种自信心,能够让学生更加勇敢地面对挑战和困难,从而更好地完成学习任务。

(三) 促进社会交往

合作学习可以促进学生的社会交往,主要表现在以下几个方面:

1. 增进友谊

在小组合作中,学生需要互相交流、互相协助、互相鼓励,这些交流互动不仅可以帮助学生更好地完成任务,还可以让学生之间建立友谊,增加彼此之间的信任和感情。

2. 培养合作精神

在合作学习的过程中,学生需要与其他同学合作完成任务,这可以帮助学生学会与别人合作、共同进步,从而培养学生的合作精神。这种精神可以在学生日后的生活中发挥重要的作用,帮助他们更好地融入社会。

3. 促进文化融合

在小组合作中,学生可以了解不同文化、不同背景的同学,从而增进文化融合,促进社会交往。这样的文化融合对于促进社会的多元化和包容性有着积极的意义。

四、合作学习的困难与问题

合作学习是一种有益的学习方式,但在实施过程中也存在困难和问题。

(一) 个体主义思想浓厚

由于长期实行的考试制度和对个人成就的过度强调,学生的个体主义思想深入人心,这使得合作学习变得更加具有挑战性。他们需要适应和理解团队合作的重要性,学会相互支持和帮助,以达到共同的目标。

(二) 学生自主学习能力薄弱

学生自主学习能力和自我评价能力薄弱也是我们不能忽视的问题。在合作学习中,学生需要自主学习和自我评价,这对学生的自主学习能力和自我评价能力提出了更高的要求。然而,在目前的教育体制下,学生的自主学习能力和自我评价能力较为薄弱,这成为开展合作学习面临的挑战。因此,我们需要有针对性地培养学生的自主学习能力和自我评价能力,以便他们更好地适应合作学习的要求。

(三) 教师对合作学习的认识不足

在我国目前的教育体制下,一些教师对于合作学习的认识不够深入,缺乏相应的实践经验和教学方法。这不仅是因为合作学习的理念还没有得到足够的宣传和推广,更是因为一些教师缺乏对新型教学方式的敏锐度和接受度。对于这些教师来说,他们可能仍然沉浸在传统教学方式的舒适区中,难以接受新的教育理念。

此外,在实际操作中,合作学习也存在一些实施上的问题。比如,在合作学习的过程中,教师需要根据学生的不同学习特点进行灵活分组,但是对于一些教师来说,这种灵活的分组方式需要投入更多的时间和精力,也需要他们具备一定的组织能力和协调能力。对于这些缺乏相关技能的教师来说,实施合作学习可能会面临诸多困难和挑战。

五、结论

合作学习是一种新的教学方法,通过对合作学习的基本概念、原理、优点、困难和问题进行探讨和分析,我们得出了以下结论:

首先,合作学习可以提高学生的学习效果、学习态度和社会交往能力。通过在小组内互相讨论、协作完成任务,学生可以更深入地理解知识、发现问题和解决问题,提高学习效果。同时,学生在合作学习中可以互相支持、互相学习,培养合作精神和团队意识,提高社会交往能力。

其次,教育实践中存在一些困难和问题,需要教师和学生共同努力。比如,学生可能会出现不合作、不坚持等问题,教师需要引导学生理解和遵守合作规则,激发学生的积极性和参与度。同时,教师也需要调整合作学习的形式和内容,满足学生的学习需求。

最后,教育者们应该充分认识合作学习的重要性,创新教学方法,积极推广合作学习。只有通过不断地实践和探索,找到适合自己的方法,我们才能更好地支持和保障学生的学习效果、学习态度和社会交往能力的提升。因此,我们应该鼓励更多的教师尝试合作学习,并为其提供更好的培训和支持。

探究学习实践研究

一、引言

学习实践研究是一种探究教学实践的方法,通过实践去研究问题,从而进行反思并寻求改进,提高教育教学质量。随着教育改革的深入,越来越多的教育者开始注意到学习实践研究的重要性,认为它是提升教学质量的关键。本文旨在从学习实践研究的概念、实施方法和优势等方面进行探讨,结合个人在教学实践中的体验进行实证分析和讨论,以期为广大教师提供一些有益的启示和借鉴。

二、学习实践研究的概念和意义

学习实践研究是教育界中的一个重要概念,它是通过教育实践进行研究的一种方法,旨在提高教育教学质量,促进教师的反思和改进。在学习实践研究中,教师会对自己的教学实践进行深入的反思和研究,从而发现问题、分析原因、提出解决方案、实施措施并进行评价。通过这样的过程,教师们可以更深入地理解和应用教育理论,进一步提高自己的教学水平和教育教学质量。

学习实践研究的核心是教师的实践。在教学实践中,教师将学习理论知识和实践经验相结合,通过实践来提高自己的教学水平和教育教学质量。同时,教师需要持续地反思和研究自己的教学实践,不断挖掘和发现问题,以此为基础,提出并实施解决方案。在这个过程中,教师需要综合运用多种研究方法和技能,如调查研究、数据分析、实验设计等,以便更好地理解、解决教学问题。

学习实践研究是一项极其重要的任务,其意义不仅在于促进教师的专业发展和成长,还能够大幅提高教师的教学水平和教育教学质量,同时也对教育改革和实践创新产生积极作用。一旦教师开始深入学习实践研究,他们就能够更加深入地了解学生的学习需求和实际情况,更好地为学生提供所需的学习资源和支持。此外,教师也可以通过学习实践研究,更好地发现教学中存在的问题和不足,并及时进行纠正和改进,以提高教学效果和学生的学习兴趣以及参与积极性。通过不断地尝试新的教学方法和策略,教师还能够不断提高自己的教育教学水平,同时也能够推动教育教学的质量和效益的提高,促进教育改革和实践创新的实现。总之,学习实践研究是教师不可或缺的工作,其重要性和意义不言而喻。

三、学习实践研究的实施方法

(一)学习小组的组建

学习小组是学习实践研究的基本单元,是由若干名教师组成的小型研究团队。学习小组的组建应该考虑到教师的专业领域、教学特点和研究兴趣等因素,尽可能地保证组员之间的协调和配合。学习小组可以采取定期集体研讨、交流心得、分享经验、讨论问题等方式,共同开展学习实践研究。

(二)研究问题的确定

研究问题是学习实践研究的核心,也是最困难的部分。研究问题应该基于实践问题和实践需要,以促进教学改进和教育质量提高为目标。研究问题应该具有可操作性和针对性,可以通过分析学生的学习情况、教学效果的评价、教学策略的比较、教学方法的改进等方式确定。

(三)数据收集和分析

数据收集和分析是学习实践研究的重要环节。数据收集应该包括定性和定量两种方式,可以通过访谈、问卷调查、观察、记录等方式进行。数据分析应该根据研究问题的确定,采取相应的分析方法,例如统计分析、比较分析、文本分析等。

(四)研究成果的交流和分享

研究成果的交流和分享是学习实践研究的必要环节。研究成果应该包括研究报告、经验总结、教学案例和教学视频等形式,可以通过学术会议、论文发表、网上分享等方式进行。

四、个人体验与思考

作为一名教师,我曾经多次参与学习实践研究,从中获得了很多宝贵的经验和知识。在实践中,我发现学习实践研究具有以下优势:

(一)促进教学反思和改进

学习实践研究可以帮助教师深入反思自己的教学实践。通过参与研究活动,教师能够发现自己教学过程中存在的问题和不足,并及时采取措施进行改进。因此,学习实践研究可以促进教师的自我反思和发展,从而使教学更具有针对性和有效性。在我的教学实践中,学习实践研究帮助我更清晰地了解教学内容,并提升了我的教学效果。

(二)提高教学质量和效益

学习实践研究还可以提高教学质量和效益。教师可以通过参与研究活动更好地理解学生的学习需求和实际情况,并采取有针对性的教学策略和方法。这样不仅可以提高教学质量,而且可以提高学生的学习效果和满意度。在教学实践中,学习实践研究能帮助我更准确地把握学生的学习需求和反应,从而制定出更有效的教学计划和方案。

(三)促进教育改革和创新

通过学习实践研究,我们可以开拓教学思路,尝试新的教学方法和策略,从而推动教育教学的质量和效益的提高。在教育改革和创新的过程中,学习实践研究是非常重要的一环。教师可以通过参与实践研究,了解教育领域的前沿知识和技术,深入了解学生的需求和问题,探索各种教育教学的方法和策略,从而寻求更加适合学生的教育方式。

在我个人的工作中,我也深刻体会到了学习实践研究的重要性。通过调研和学习不同的教学方法,我能够更好地了解学生的需求和问题,调整教学策略,使教学方法更加适合学生。同时,通过和其他教师进行交流和研讨,我也能够更好地了解各种教育教学的方法和策略,拓宽我的教育思路,提升我的教学水平。

五、结论与建议

学习实践研究是一种探究教学实践的方法,具有促进教学改进、提高教学效果和推动教育改革的优势。在实践中,学习实践研究需要注意研究问题的确定、数据收集和分析、研究成果的交流和分享等环节。个人体验表明,学习实践研究对教师的专业成长和教育教学质量的提高具有重要的促进作用。因此,建议广大教师积极参与学习实践研究,不断探索适合自己的研究方法和策略,不断提高自己的教学水平和教育教学质量。

自主学习实践研究

一、绪论

（一）研究背景

教育是推动社会发展的重要因素，而学习是教育的核心。在学习过程中，提高学生的学习能力和自我管理能力是教育工作者长期以来的追求目标。自主学习是近年来备受关注的一个概念，它强调学生在教师的指导下自主学习知识和技能，同时也包括学生自我评价和监控学习进度的过程。自主学习的实践可以促进学生的全面发展，提高学生的学习效果和学习动机，培养学生的自我管理能力和创造力。因此，自主学习的实践对于教育工作者和学生都具有重要的意义。

（二）研究目的和意义

本文旨在探究自主学习实践的意义、特点以及如何促进自主学习。通过对国内外的相关文献的分析，笔者认为，自主学习实践能够提高学生的学习能力及自我管理能力，促进学生的积极参与和创造力的发挥，从而促进学生的全面发展。同时，自主学习实践需要创造适合学生的学习环境，提供个性化的学习方式和评价方式，培养学生的学习兴趣和自我驱动力。因此，教师应该重视自主学习的实践，提供多样化的学习机会和支持，鼓励学生积极参与学习。

（三）研究方法

本文采用文献分析法和案例分析法，结合实际教育工作，分析国内外相关文献和案例，探究自主学习实践的意义、特点以及如何促进自主学习。

（四）研究结构

本文分为五个部分。第一部分为绪论，介绍自主学习实践的研究背景、研究目的和意义、研究方法以及研究结构。第二部分为自主学习实践的意义，探讨自主学习实践对学生的发展和教育的意义。第三部分为自主学习实践的特点,阐述自主学习实践的不同特点及其体现。第四部分为如何促进自主学习实践,提供多种促进自主学习的方法和策略。第五部分为总结与展望,对自主学习实践的意义、特点和促进方法进行总结,并展望未来自主学习实践的发展趋势。

二、自主学习实践的意义

(一) 提高学生的学习能力和自我管理能力

自主学习实践可以提高学生的学习能力和自我管理能力。首先,自主学习的过程需要学生对自己的学习进行自我评价和监控,这有利于学生了解自己的学习状态和学习效果,进而根据自己的需求和优势进行调整和改进。其次,自主学习需要学生自己制订计划和安排学习时间,这有利于学生培养自己的时间管理能力和自我管理能力,从而更好地掌握学习的主动权。

(二) 促进学生的积极参与和创造力的发挥

自主学习实践可以促进学生的积极参与和创造力的发挥。在自主学习的过程中,学生可以更加灵活自由地选择学习的内容和方式,不受传统教学模式的限制,从而更加主动和积极地参与学习。同时,自主学习也可以激发学生的创造力,让学生通过自己的思考和实践来探索和创新,从而培养学生的创新能力和创造力。

(三) 促进学生的全面发展

自主学习实践可以促进学生的全面发展。在传统的教学中,学生往往只是被动地接受知识,而在自主学习的过程中,学生可以根据自己的兴趣和需求进行学习,探索和创新自己的想法和方法,有利于发挥自己的潜力和特长,实现自我价值。同时,自主学习也可以培养学生的自我学习能力和自我发展能力,从而更好地适应社会的变化和发展。

(四) 促进教育的转型和创新

传统的教育模式以教师为中心,学生往往只是被动地接受知识,而自主学习强调学生的主体性和积极性,提倡教师和学生的平等互动,从而推动教育模式的转变。同时,自主学习也可以激发学校和教育工作者的创新意识,推动教育的创新和发展。

三、自主学习实践的特点

（一）自主性

自主学习的最大特点就是强调学生的主体性和自主性。在自主学习的过程中，学生可以自由选择学习的内容和方式，制订自己的学习计划，并在教师的指导下进行学习。同时，学生可以根据自己的实际情况和需求进行自我评价和监控，从而更好地掌握学习的主动权和控制权。

（二）自由性

在传统的教学中，学生往往只是被动地接受知识，而自主学习则注重学生的自由选择和创新。在自主学习的过程中，学生可以自由选择学习的内容和方式，不受传统教学模式的限制，从而更加灵活和自由地进行学习。

（三）个性化

在自主学习的过程中，学生可以根据自己的兴趣和需求进行学习，以达到自己的学习目标和发展需求。同时，自主学习也需要教师提供个性化的学习方式和评价方式，以满足学生的不同需求和特点。

（四）创新性

在自主学习的过程中，学生可以自主地选择学习的内容和方式，从而进行探索和创新。自主学习可以激发学生的创造力和创新能力，培养学生的独立思考和解决问题的能力，从而更好地适应社会的变化和发展。

四、如何促进自主学习实践

（一）创造适合学生的学习环境

学习环境是学生进行学习的物质和精神条件，包括教学设施、教学资源、教学氛围等。要促进自主学习实践，还需要提供舒适、安全、宽敞的学习环境，为学生提供充足的学习资源和信息，创造积极的学习氛围和文化。同时，教师也需要在学习环境方面提供帮助和支持，为学生学习提供便利和条件。

（二）提供个性化的学习方式和评价方式

学习方式是指学生进行学习的方法和途径，包括自主学习、合作学习、讨论学习等。学习评价是对学生学习成果和过程进行评估的过程。要促进自主学习实践,需要提供多样化的学习方式和评价方式,让学生根据自己的兴趣和需求进行选择,从而更好地实现个性化学习和评价。

(三) 培养学生的学习兴趣和自我驱动力

学习兴趣是学生自主学习的内在动力和源泉,学生只有对学习感兴趣才会更加积极地参与学习。自我驱动力是学生自主学习的外在动力和支持,学生只有具备自我驱动力才能更好地掌握学习的主动权和控制权。因此,要促进自主学习实践,需要培养学生的学习兴趣和自我驱动力,让学生在学习过程中能够更自主、更自由、更创新地进行学习。

(四) 鼓励学生积极参与学习

积极参与是自主学习的前提条件,只有学生积极参与学习才能更好地实现自主学习的目标。教师可以通过多种方式鼓励学生积极参与学习,如开展课外活动、提供多样化的学习机会、创造良好的学习氛围等。同时,教师也需要对学生进行正确的引导和指导,让学生更好地掌握学习的方法和技巧。

五、总结与展望

自主学习实践是目前备受关注的一个概念,它强调学生在教师的指导下自主学习知识和技能,包括自我评价和监控学习的过程。自主学习实践可以提高学生的学习能力和自我管理能力,促进学生的积极参与和创造力的发挥,从而促进学生的全面发展。同时,自主学习实践需要创造适合学生的学习环境,提供个性化的学习方式和评价方式,培养学生的学习兴趣和自我驱动力。因此,教师应该重视自主学习的实践,提供适当的教育资源和指导,鼓励学生主动学习和探究,同时关注学生的情感和心理需求,为学生提供支持和帮助。教师还应该注重培养学生的学习策略,帮助学生养成良好的学习习惯,激发学生的学习潜能,使学生在自主学习的过程中不断进步和成长。综上所述,自主学习实践是一种有效的学习方式,对学生的综合素质提升和未来的发展都有着积极的促进作用,应该在教育教学中得到重视和推广。

有意义学习的实践研究

有意义学习是指在学习过程中获得深刻的理解和体验,而不是简单地记忆信息。通过有意义学习,学生可以更好地理解知识点,提高学习效率,并且能够更好地应用所学知识。有意义学习可以提高学生的学习兴趣和动机,促进学生的知识积累和应用能力,以及增强学生的自信心和创造力。同时,有意义学习还可以培养学生的批判性思维能力和创新能力,有助于学生的全面发展。

一、有意义学习的重要性

有意义学习是指学习过程中的内容与学生的兴趣、经验、意义等有着密切联系,能够激发学生的学习动机和学习兴趣,使学生在学习过程中感到有意义、有价值。有意义学习与传统的机械学习相比,后者主要强调学生对知识的被动接受和记忆,缺少对学习内容的理解和思考,因此对于培养学生的创新能力和实践能力有一定的局限性。

有意义学习是学生自主学习的重要手段之一,能够提高学生的自我控制力和自我调控能力,培养学生的学习兴趣和学习动机,提升学生的学习深度,拓宽他们的学习广度。有意义学习能够使学生对学习内容进行深入的思考和探究,从而更好地理解和掌握知识,形成自己的学习方法和思维方式,这一点对于学生的终身学习和职业发展有着重要的意义。

二、有意义学习的定义和特点

(一) 有意义学习的定义

1. 有意义学习要求学生在学习过程中,将学习内容与自己的经验、兴趣和意义进行联系和理解

这种学习方式并非仅仅是为了应付考试,而是为了使学习过程变得有意义和价值。学生在这个过程中,不再是单纯地接受知识,而是通过自己的思考和

理解,将知识融入自己的经验中,从而更深刻地理解和掌握知识。

2. 有意义学习是一种学习方式,注重学习过程中的思考和探究

这种学习方式强调学生的主体地位,让学生成为学习的主人,通过自己的思考和探究,学生不断地发现问题、解决问题,从而培养了自己的创新和解决问题的能力。

3. 有意义学习是指学生在学习的过程中,通过与他人的交流和合作,从中获得新的知识和经验,并将其与自己的理解和经验进行融合和创新

这种学习方式让学生不再孤立地学习,而是与其他人合作,通过交流和互动,学生之间相互促进,共同进步。同时,学生还可以将自己的理解和经验与他人进行分享和交流,从中获得新的启示和思路,提高自己的学习水平。

(二) 有意义学习的特点

1. 注重学生的主体地位

有意义学习对于学生来说至关重要,因为它不仅可以帮助学生更好地掌握知识,还可以激发他们的学习兴趣和动机。在这个过程中,注重学生的主体地位是非常重要的。学生应该成为学习的中心,教师应该尊重学生的意愿和需求,同时鼓励他们自主思考和创新,并培养他们的自我控制力和自我调节能力。这样,学生才能更好地适应未来的学习和生活环境。

2. 强调学习的体验和价值

学习应该是一种愉悦和有意义的体验,与学生的兴趣、经验和意义相联系,才能更好地提升他们的学习热情。在学习过程中,学生应该参与到实际活动中去,从中获得实践经验,体验学习的价值。

3. 注重学生的思考和探究

学生应该被鼓励从不同的角度和层面去思考学习内容,深入探究其中的内涵和逻辑,这样才能真正地理解和掌握知识。

4. 强调学生之间的交流和合作

学生应该被鼓励与他人进行交流和合作,在交流和合作中获得新的知识和经验,这样才能更好地发展自己的社交能力和创造力。在这个过程中,教师应该扮演一个引导者和组织者的角色,带领学生去探究、交流和合作。

三、有意义学习实践的形式与方法

有意义学习实践的形式和方法可以根据不同的学科和领域进行具体的探讨。本文将以中小学教育为例,探讨有意义学习实践的形式和方法。

(一)项目制学习

项目制学习是一种基于问题和挑战的学习方式,通过设计、实施和评估项目,使学生在实践中掌握知识和技能,培养学生的创新能力和实践能力。项目制学习强调学生的主体地位,注重学生的自主性和创新性,使学生在学习过程中感受到学习的价值和意义。

(二)探究式学习

探究式学习是一种基于探究和发现的学习方式,通过提出问题、搜集信息、分析和解决问题,使学生在学习过程中掌握知识和技能,培养学生的思考能力和创新能力。探究式学习强调学生的思考和探究,注重学生的自主性和创新性,使学生在学习过程中感受到学习的乐趣和挑战。

(三)合作学习

合作学习是一种基于合作的学习方式,学生通过与同伴的交流和合作,从中获得新的知识和经验,并将其与自己的理解和经验进行融合和创新,从而培养学生的合作精神和创新能力。合作学习强调学生之间的交流和合作,注重学生的自主性和协作精神,有利于学生在学习过程中建立起良好的人际关系和团队意识。

四、有意义学习实践的效果与影响

(一)提高学生的学习兴趣和学习动机

有意义的学习是指让学生在学习过程中感受到学习的价值和意义,从而提高学生的学习兴趣和学习动机,促进学生的学习深度和广度。为了实现这个目标,教师们需要采用多种教学策略,包括启发式教学、问题解决式教学、探究性学习等,以激发学生的好奇心和求知欲望。此外,教师们还需要在课程设置上注重与学生的兴趣爱好和需求相结合,以达到更好的教学效果。

(二) 培养学生的实践能力和创新能力

有意义的学习不仅能够提高学生的学习兴趣和动机,还能够通过实践和探究,培养学生的实践能力和创新能力,提高学生的综合素质和竞争力。教师们应该注重课程与实际生活的结合,鼓励学生在学习过程中进行实践和探究,培养他们的实践能力和创新思维,从而帮助他们更好地适应未来的社会和工作环境。

(三) 促进学生的思考和探究

有意义学习还能够促进学生的思考和探究,培养学生的思维方式和方法,提高学生分析和解决问题的能力。教师们应该采用多种教学方法,如启发式教学、问题解决式教学等,引导学生自主思考和探究,培养他们的创新思维和解决问题的能力,从而提高他们的学习效果和竞争力。

(四) 建立良好的人际关系和团队意识

有意义学习不仅能够提高学生的个人素质,还能够通过合作,建立良好的人际关系和团队意识,提高学生的合作精神和团队精神。教师们应该注重团队合作和协作的教学形式,鼓励学生在学习过程中进行合作和交流,以培养他们的团队合作精神和沟通能力,提高他们的综合素质和竞争力。

有意义学习的实践是一种充满生命力和创造性的学习方式。它不仅包括在校学习的理论知识,还包括实际的经验积累和实践能力的提升。通过这种方式,学生能够更好地掌握知识,更快地适应社会环境,并且更容易在未来的职业中获得成功。

学习实践对于学生综合素质和职业发展的提高有着重要的意义。

首先,它能够帮助学生更好地理解和应用所学知识。在实践中,学生会遇到各种各样的问题和挑战,需要运用所学的理论知识解决。这种实践中对知识的运用能够巩固学生的知识储备,并且让他们更好地了解自己所学的内容。

其次,学习实践能够提升学生的实践能力。在实践中,学生需要通过自己的思考和行动解决问题,这能够培养他们的实践能力和创新精神。同时,实践也能够锻炼学生的沟通能力、团队合作能力和领导力等综合素质。

最后,学习实践对于提高教育质量和培养创新型人才也有着重要的意义。通过学习实践,学生能够更好地了解社会现实、了解行业发展趋势,并且能够更好地为未来的职业生涯做好准备。这种创新型的学生能够为社会和行业带来新的思路和新的方案,从而推动社会进步和行业发展。

总之,学习实践是一种非常重要的学习方式。学生不仅要注重理论知识的学习,还要注重实践能力的提升。只有这样,才能够成为一个全面发展、具有创新精神和实践能力的人才,为社会的发展和进步做出自己的贡献。

校本课程建设研究

一、引言

随着社会的发展和进步,教育改革成为各国政府和教育界关注的热点,校本课程建设则成为教育改革的一大亮点。校本课程建设是指学校依据本校特色和发展需要,自主设计、研发、实施和评估的课程,具有很强的针对性和实践性。校本课程建设的推进不仅可以提高学校课程的质量和效益,还能满足学生的多样化需求,培养具有创新和实践能力的人才。因此,本论文旨在深入研究校本课程建设,分析其现状和存在的问题,探讨如何在实际中落实校本课程建设,为推进教育改革提供参考。

二、校本课程建设的概念、背景和意义

(一) 概念

校本课程建设是一项非常重要的教育改革措施,相比于传统的课程设置,校本课程建设更加注重学生的个性化需求和多样化发展,倡导以学生为中心,构建具有针对性和实践性的课程体系。这样可以更好地满足学生的学习需求,在学生的学习过程中更加关注他们的兴趣爱好和特点,让学生在学习中体验更多的意义和成就感。校本课程建设的实施需要学校全体师生的积极参与和支持,需要教师具有丰富的教学经验和创新能力,需要学校具有完善的教育管理体系和评价体系。只有这样,才能够真正实现校本课程建设的目标,提高学生的综合素质和创新能力,为未来的发展打下坚实的基础。

(二) 背景

随着科技的不断发展和全球化进程的加快,社会对人才的需求在快速变化,并呈现多元化趋势。然而,传统的课程体系却很难适应这种变化。学生需要更加个性化和多样化的课程来满足他们的需求,提高他们的学习热情。因

此,学校需要通过校本课程建设来满足这种需求,培养具备创新和实践能力的人才。

教育部也意识到了这一点,并在《普通高中课程方案(实验)》中提出了校本课程建设的要求。这些要求包括促进学生的全面发展、培养学生的实践能力和创新意识、鼓励学校自主创新和发展等方面。校本课程建设对于提高学生的素质和竞争力具有重要意义,也是教育体制改革的一个重要方向。因此,学校应该积极地参与到校本课程建设中来,为学生的未来发展打下坚实的基础。

(三)意义

校本课程建设是当前教育领域的一个重要议题。实施校本课程建设可以带来众多益处,其中最重要的是提高学校的课程质量和效益。通过制定符合学校特色和优势的课程,学生可以获得更具针对性的教育,从而更好地掌握并应用知识。此外,校本课程建设还可以满足学生的多样化需求,为学生提供更加全面、多元、综合的教育体验,从而更好地培养学生的多方面能力和素质。

另外,校本课程建设也可以培养具有创新和实践能力的人才,这也是当前社会对于人才素质的一个重要要求。通过校本课程的实施,学生可以接触到更加创新的教育理念和方法,从而更有效地掌握创新思维和实践能力。这些能力在学生未来的学习和就业中都将发挥重要的作用,帮助他们更好地适应社会发展和变化。

最后,校本课程建设也可以促进教育教学改革,推动学校的发展。通过制定更加符合学校和教师的实际情况的课程,学校可以更好地响应社会需求,同时也可以激发教师的教学热情和创意,促进教师教学能力的提升。这些都将有助于推动学校的持续发展和进步,为学生提供更好的教育服务。

三、校本课程建设的现状和存在的问题

(一)现状

随着我国教育的不断发展,越来越多的学校开始推行校本课程建设。一些先进的学校已经取得了较好的成效,为其他学校提供了良好的借鉴。例如,上海市和平小学采用了"课程走班"模式进行校本课程建设,这种模式打破了传统课程的固定框架,为学生提供了更加灵活、多样化的学习方式。同时,这种模

式也能够满足不同学生的不同需求,让每个学生都有机会充分发展自己的潜力。除此之外,北京实验中学、南京师范大学附属中学等学校也在积极推行校本课程建设,为学生提供更高质量的教学资源和更好的学习环境。

然而,校本课程建设也面临着一些挑战。由于每个学校的情况不同,校本课程的开展也需要根据学校的实际情况进行量身定制,这需要教师具备较高的专业素质和教学经验,以确保校本课程建设的有效实施。因此,教师的培训和支持也是校本课程建设中需要重视的问题。只有在教师的积极参与和支持下,才能够取得更加显著的成效。

(二) 存在的问题

尽管校本课程建设在推行过程中取得了一定的成效,但是依然存在一些待解决问题。首先,部分学校在实施校本课程建设时缺少相关的教育教学资源和经验,这不利于校本课程建设的推行。其次,校本课程建设的研发和实施需要投入大量的人力、物力和财力,对于一些学校来说,这可能会带来不小的困难。最后,校本课程建设的实施要求教师拥有较高的教学能力和素质,然而教师的素质和能力的提高需要一定的时间和专业培训的支持。因此,我们需要进一步加强校本课程建设的研究和实践,提供更多的教育教学资源和支持,同时加强对于教师的培训和提高教学素质的支持,以达到更好的校本课程建设效果。

四、校本课程建设的优势和不足之处

(一) 优势

1. 针对性强

传统的教育课程一般是按照标准化的课程设置和内容来教授学生的,无法满足不同学生的需求和发展需要。而校本课程建设是根据学生的需求和发展需要,自主设计、研发、实施和评估课程,具有很强的针对性。这样可以让每个学生都有机会接受最适合自己的教育。

2. 实践性强

校本课程建设注重学生的实践能力培养,因此具有很强的实践性。传统教学往往注重理论知识的传授,而缺乏实际操作和实践的机会。而校本课程建设则弥补了这一缺陷,通过实践让学生更好地掌握知识和技能,从而提高学生的综合素质和能力。

3. 开放性强

不同地区、不同学校之间的课程设置和内容有很大的差异,因此校本课程建设也可以根据不同地区、不同学校的特色和发展需求,进行差异化设计和实施。这样可以提高教育的多样性和适应性,使得每个学校都可以根据自己的实际情况进行教育改革和创新。

(二) 不足之处

1. 实施难度大

校本课程建设涉及教育教学资源、经验、人力、物力和财力,这些都是非常关键的因素,缺一不可。而这些因素的获得和应用都需要耗费大量的时间和精力,这无疑会给学校的管理者和教师带来巨大的压力和挑战。

2. 评估标准不明确

由于缺乏统一的标准和方法,各个学校的课程质量和效益很难进行客观比较和评价。这不仅给学校的管理者造成了困扰,也给学生和家长带来了不必要的焦虑和不确定性。

3. 教师培训难度大

教师是校本课程建设的重要推动者和实施者,他们的教学能力和素质对课程的质量和效益有着至关重要的影响。然而,当前教师培训面临诸多挑战和困难。首先,培训内容必须紧贴时代发展和教育改革的最新动态,这需要教师培训机构具有高度的前瞻性和敏锐度。其次,教师培训形式也需多样化,以满足不同教师的个性化需求,以增强培训效果。

五、如何在实际中落实校本课程建设

(一) 确定校本课程建设的目标和方向

首先,学校需要制订一个明确的计划,以便了解校内教育的需求和意见。这个计划应该包括教师会议、学生问卷调查等方式。其次,学校需要针对调查结果,制定目标和方向。这个过程应该积极与教师和学生展开合作,以确保目标和方向的科学性和可行性。最后,学校应该通过内部讨论,确定校本课程建设的方向,并准备行动计划,以便在实际中落实。

(二)建立校本课程建设领导小组

建立校本课程建设领导小组是成功落实校本课程建设的关键。这个小组应该由学校领导和教师代表组成,以确保领导小组的多样性和代表性。在建立领导小组时,学校应该注意以下事项:首先,领导小组应该制定明确的任务和职责,以确保各成员的工作协调一致。其次,领导小组应该建立有效的沟通机制,以方便各成员之间的信息交流和协作合作。最后,领导小组应该定期召开会议,以便审查进展情况和制订下一步行动计划。

(三)进行课程研发和设计

课程研发和设计是校本课程建设的重要步骤,它需要教师们结合自身的教学经验和理论知识,探讨课程设计的思路和方法,选择适合学校特点和发展需要的课程内容和形式。在进行课程研发和设计时,教师们应该考虑到学生的兴趣和需求,以及教育教学的基本理念和原则。

(四)实施校本课程建设

学校可以采用课程走班、教学活动等方式,来实施校本课程建设。在实施过程中,教师们应该积极参与、认真执行,确保课程的质量和有效性。同时,学校也应该提供必要的支持和保障,例如教育资源、教材和设备等。

(五)开展校本课程建设评估

评估工作可以通过学生问卷调查、教师评估等方式,了解校本课程建设取得的成果和存在的问题,从而对校本课程建设进行相应的调整和改进。评估工作不仅能够提供有力的反馈意见,还可以为今后的校本课程建设提供经验和参考。因此,评估工作应该被视为校本课程建设过程中不可或缺环节。

六、校本课程建设的未来发展趋势和建议

(一)未来发展趋势

1. 课程本位化

校本课程将更加注重学生的个性化发展需求,这意味着课程的本位化设计和实施尤为重要。这种本位化的课程建设将更好地满足学生的学习需求,提高他们的学习动力和兴趣。

2. 多元化

学校将为学生提供更多元化的知识和能力培养,涉及不同学科、不同领域的知识和技能。这将帮助学生更好地适应未来社会的发展需求,使他们具备更强的竞争力和创新能力。

3. 深度融合

将课程内容和形式设计成具有针对性和实践性的课程,为学生提供更好的学习体验和实践机会。这将加强学生的实践能力和创新能力,帮助他们更好地适应未来社会的发展需求。综上所述,未来的校本课程将更加注重学生需求,追求内容的多元化和深度融合,为学生提供更好的学习体验和实践机会,帮助他们更好地面对未来的挑战。

(二) 建议

1. 完善评估标准

完善评估标准是校本课程建设的关键。校本课程建设需要制定相应的评估标准,明确课程建设的目标和要求。这样可以方便对不同学校的课程质量和效益进行比较和评价,从而推动校本课程建设的不断提高和发展。

2. 加强教师培训

加强教师培训是校本课程建设的重要保障。校本课程建设需要加强对教师的培训和指导,提高教师的教学能力和素质。教师只有具备了足够的教学能力和素质,才能够顺利地实施校本课程建设,从而更好地服务于学生的学习。

3. 加强校本课程建设的宣传和推广

加强校本课程建设的宣传和推广是校本课程建设的必要手段。校本课程建设需要加强宣传和推广,让更多的学校和教育机构了解校本课程建设的重要性和实施方法。只有让更多的人了解校本课程建设的意义和价值,才能够更好地推动校本课程建设的发展。

七、结论

校本课程建设是教育改革的一个重要方向,这点已经得到了社会广泛的认同。实施校本课程建设能够有效提高学校的课程质量和效益,同时满足学生多样化的需求,培养具有创新和实践能力的人才。因此,校本课程建设的实施对于教育事业的发展具有至关重要的意义。

校本课程建设的实施需要学校根据本校的特色和发展需要,自主设计、研发、实施和评估课程。这需要学校加强教师培训和指导,为教师提供专业的课程设计和评估培训,从而确保教师具有足够的能力和技能,能够独立完成课程设计和评估工作。同时,学校还需要落实评估标准,确保校本课程的设计和实施符合教育标准和教学要求。

未来的校本课程建设将更加注重课程本位化、多元化和深度融合。在课程本位化方面,学校将更加注重让学生学有所用,让课程更加贴近实际生活。在多元化方面,学校将更加注重让学生根据自身的兴趣和特长选择不同的课程,从而实现个性化教育。在深度融合方面,学校将更加注重不同学科之间的融合,促进知识的交叉和学科的互动,从而培养学生的综合素质。

为了推动校本课程建设的不断发展,我们需要加强宣传和推广的力度。学校应该充分发挥媒体的作用,加强宣传和推广工作,让更多的人了解校本课程建设的意义和价值,从而得到更广泛的支持和关注。同时,还需要加强与其他学校和教育机构的合作,共同推进校本课程建设的发展,从而实现更好的教育效果和教育质量。

科技活动校本课程开发的思考与探索

随着知识经济时代、信息时代的到来,世界经济一体化的格局已基本形成。今天的人们每日每时都在日新月异中感受着惊人的发展速度和城市的巨大变化。我们也清楚地看到民族的振兴与崛起,国家的兴旺与发达取决于综合国力,依赖于国民素质。教育要"面向未来、面向世界、面向现代化","科学技术是第一生产力",真理在启迪我们这些教育工作者,必须及早发现,及时培养青少年科学技术人才,把培育适应21世纪发展需要的高素质人才作为教育的一个重要目标。

《基础教育课程改革纲要(试行)》的颁布,标志着我国基础教育将进入一个新的时代——课程改革时代。因此,随着我国课程改革的深入发展,课程的决策权力逐级下放,校本课程的开发将成为我国课程改革领域内的一个重要议题。

传统教育在一定程度上忽视了学生的个性发展和能力的提高,不适应跨世纪发展的需要。针对这些问题,学校解决的方法之一就是调整、优化课程设置。校本课程的开设,可以丰富课程体系,提高学生的综合素质及能力,使学生具备自主学习,发展的主动权,让学生在知识的海洋中自主探索、实践,进而引导和帮助学生形成自己的个性,发挥自己的特长。现在,不少地方和学校在教育教学改革中逐渐表现出对校本课程开发的期待与热情。

顾名思义,"校本课程开发是指学校根据自己的办学思想自主进行的适合学校实践和学生基础的课程开发策略。它实质上是一个以学校为基地进行课程开发的开放民主的决策过程,是校长、教师、学生共同参与学校课程计划的制定、实施和评价活动。它涉及学校教育经验的各个方面,它作为一种开放的决策过程和变革过程,要求体现出参与、合作、民主和多样性原则"。由于"活动课程是以充分而有特色的发展学生基本素质为目的,以最新信息和学生的直接经验为主要内容,按照各种实践活动项目和特定活动方式组成的一种辅助性课程形态",这种新型的活动课程着眼于促进学生个性自主和谐地发展,培养学生独立思考问题和解决问题的能力。因此,越来越受到学校的欢迎而迅速得以推广。当然,最初的活动课是以课外活动的形式出现的,它不是真正意义的一种课程,在学校教育中,似可有可无,最多把它看成必修课程的延伸和补充。直到改革开放,教育改革的热潮掀起,"应试教育"的弊端、单一学科课程的缺陷等问题引起了教育工作者对课外活动价值的重新思考。由此经历了一个课外活动课程化的历程。这一历程是从教学角度探讨课堂教学与课外活动的关系开始的。它经历课外活动课堂化和课外活动渠道化的变化过程,最后才形成活动课程与学科课程相辅相成的课程结构。而科技活动是指学生在老师的辅导和帮助下,掌握有关科普常识和科学技能,从小培养学生爱科学、学科学、讲科学、用科学的科学素养和科学精神的学习过程。学校作为培养人才的场所,在向学生传授文化知识的同时,开展各种形式的科技活动,让他们在学习、实践和创造中培养动手能力,展现自我价值,树立科技意识,以提高青少年学生科学素质,对青少年的成长大有裨益。

科技活动的内涵很丰富,有模型制作、无土栽培、电脑网络、标本制作,还有天文活动、科技发明、科普讲座、科技展览等。这些活动对青少年学生具有很强的吸引力,适合青少年好奇好动的个性,特别是对青少年学生来说,受环境设施、学校条件限制,平时接触新鲜事物的机会不多,动手制作的经历很少,在生活中难免会碰到一些与科学知识有关的问题往往无力去解决。学校若能开展一些学生喜闻乐见的科技活动,不仅满足了学生好奇好动的欲望,也挖掘了学生表现自我发挥特长的潜能。学生在参与活动的过程中碰到的新问题,会激起学生的思考,进而引导学生去求知、充实、领略知识的价值。这样既拓宽了学生的视野,又激发了学习的兴趣,对磨炼意志、培养积极向上的心理也是大有帮助的。良好科学素质的形成是从青少年的兴趣和好奇心开始的,因此,科技活动将有利于发展科学兴趣,提高科学素养。

目前,许多学校已着手开展科技教育活动,有不少学校被评为上海市科技教育特色学校。然而,从学校校本课程的宝库中难觅科技活动的教材、教案,许多学校开展的科技活动一直是以课外活动的形式出现,大多停留在兴趣小组的活动上,面比较窄,且缺乏科学系统的管理,目标不明确,影响了科技活动的开展与其价值的体现,使科技活动难以发挥所具有的育人功能。因此,将无序的科技活动加以规范,并将它作为一种校本课程来设置,这对于在青少年中普及科普知识、培养学生的科技创新能力,具有重要的意义。

校本课程开发要充分利用学校特色和教育资源的优势,贴近学生的实际需要,并能尊重学生的个体差异。校本课程开发还要有利于推动和引导全体教师参与科技指导,从而产生对学校教育教学工作的积极影响。因此,必须与教学过程和其他学科保持密切的联系。学生参与科技活动的过程同时也是经历曲折、尝试成功的过程,是了解许多科学者、发明家的感人事迹的过程,科技活动校本课程的开发也要注意德育渗透。因此,科技活动校本课程的开发,必须遵循以下几个原则。

1. 趣味性原则

科技活动本身就是一项群众性的科普活动。学校开展科技活动主要是引导学生接触一些科普知识,对科学产生感性认识,发生兴趣。活动要突出一个"趣"字,每次科技活动无论是活动主题、活动内容或活动形式力求新颖别致、富有吸引力。鼓励学生积极参与,各显其能。活动一定会充满欢乐、充满情趣,像一块磁铁,紧紧吸引学生,为学生开辟了快乐的天地,创造展示才华的舞台。学生的兴趣,是开发和实施校本课程的重要依据。因此,科技活动校本课程要取材多样,教学模式灵活,寓教于乐,不能拘泥于学生完成教学任务的实际效果,重在培养学生的参与意识和活动兴趣。

2. 科学性原则

科技活动内容的选择要正确,不能出现科学性错误及似是而非的内容,这是校本课程开发的前提保证。而在内容体系上要有一定的系统性,要成体系,在认知水平上要符合农村学生的认知规律,符合学生的年龄特征和知识特点,使他们易于理解与接受。并随着年级水平的提高,活动内容及水平由浅入深,逐步提高。另外,作为校本课程的"科技活动"应当选择一些与学科课程有联系的知识和内容,使学生能深入理解、掌握、运用各学科的知识与技能。

3. 开放性原则

学科课程更为注重的是知识与技能的传授,科技活动课则有多种多样的教学方式,学生要具备多种多样的学习方法。对一个问题的探讨可以有发散性的思维,不求结论的完整性,重视学习过程能力的提高。同时,科技活动可以走出课堂,走出校园,表现为活动时间和空间的开放。学生还可以广泛地选择活动内容,灵活性地选择活动课程,充分满足学生个性全面发展的需要。

4. 发展性原则

当今世界迅猛发展,知识更新周期缩短。校本课程的开发也要与时俱进,体现知识发展的步伐。这就要求选材要尽可能反映人类最新、最有价值的成果,让学生了解,让学生思考,不能以教科书为唯一的内容,要不断将动态的具有较高价值的新成果引入校本课程。这对青少年学生来讲,显得特别需要。

随着社会主义市场经济的建立和不断完善,社会需要的人才要求具有更大的适应性,这就要求学校把培养学生具有全面发展的素质和多方面的适应能力放在突出的位置之上。因而提高劳动者文化素质就显得尤为必要和迫切,培养适应经济和社会发展需要的多层次多规格的人才,已成为当前基础教育综合改革的重要任务。所以在开展青少年科技活动中,联系科技活动中的内容,适当介绍现代科学的新成果、新发展、新成就以及出现的一些新问题,不仅有助于学生智力因素的发展,也有助于他们今后事业上的发展和成功。

我校盐仓镇初级中学是一所上海市科技教育特色学校,空模、车模、船模制作在本区有一定的影响。十多年来,学校致力于培养学生"三模"制作的兴趣和爱好。去年,学校充分认识开发校本课程的重要意义和作用,因此,探索、开发符合学校实际、具有一定特色的校本课程是学校的重要教科研课题之一。在校本课程开发的过程中,科技辅导老师根据多年的经验和学生的兴趣、心理特征、年龄特征及认知发展水平,从激发和保持儿童的学习兴趣入手,通过基本理论知识的讲解和丰富多彩的动手制作、实际操作,使整套教材的知识性、趣味性和可操作性融为一体,不仅便于教师的教,更有利于学生的学;整套教材充分体现以学为主体的地位。通过一个学期试用,使用效果良好。现在科技辅导老师正积极根据教学反馈,对教材进行进一步的修改和补充,力争在试用完毕后,正式出版,并向全区推广。校本课程与学科课程在教学目标的要求上是一致的,在内容上又是互补的。因此,自学校校本课程开设以来,我们认识到,这种课程设置不仅有利于学生的当前学习,还有利于学生的后继学习,有利于学生的长远发展。学生自主学习及探究的能力普遍有了提高,应该说效果是明显的。

校本课程"三模制作"与生产、生活关系密切,为达到良好的教学效果,其教学模式应该服从其内容的要求,可采用灵活多变、利于学生接受的方式。一般经历三个过程:

1. 课堂授课

"三模制作"作为校本课程,也应有一定的理论知识作为学习的基础。因此,将学科课程中物理、历史、政治知识作适当处理和编排后,形成"三模制作"的系统知识,然后以课堂授课的形式来完成教学,这样学生对"三模制作"中所涉及的理论知识就有了基本的了解。如此,不仅拓展了学生的知识面,也为第二步准确把握制作方法打下基础。由于课堂授课在时间和空间上的局限性,理论知识的讲授只能是有重点地进行。为了让学生在有限的时间内进行有效的学习,老师就要善于让学生自己寻找资料来寻找不同的答案。对学生来说,寻找报刊、书籍,甚至多媒体信息,来回答某个特定的问题,是一种非常好的学习方法。可以培养学生的学习能力,让学生学会学习,学会读书、找资料、写文章。

2. 观察制作

有了一定的理论知识以后,接下来就是老师在学生面前演示模型制作的过程了。学生对飞机、汽车、轮船等交通工具的外观的了解是比较多的,但对内部结构的把握上还不够。这时候,老师就需要在制作模型的过程中,向学生详细介绍不同模型的制作方法,内部结构的制作原理和应当注意的地方。老师演示的过程是帮助学生弄懂制作方法的重要过程,既不能讲得太细,以至于没有给学生留下思考和探索,又不能脱离实际,让学生无法领会。对一些生活、学习中遇到的实际问题,可让学生通过自行设计实验与操作来探究其原理,不仅知道是什么,还能了解为什么,这样既提高了学生的动手能力,同时也培养了学生分析与处理问题的能力。

3. 独立操作

这一过程一般放在课余时间或者利用双休日在家中完成。学生根据对制作模型结构的认识和理解,按照要求进行操作,最终将设想变成现实。这一过程的实践,其目的在于培养学生的动手能力。同时,学生在动手制作的活动过程中,不断地将已有的科学知识在实践中加以应用,并能提出新的方法或者新的观点,这便是创造能力的体现。学生大多有这样的体验:通过学习、观察、操作而掌握的知识印象特别深刻。可见,养成凡事观察和操作的习惯及提高观察和操作的能力,这无疑有助于学习其他知识。

当然,科技活动校本课程的开发和实践的过程也遇到了一定的困难,其中主要就是编写材料时,在对教学内容的选取、教学模式的确立、教学策略的实施等方面有待进一步研究和探索,当前社会中不利于活动课程开展的因素还广泛存在。这主要表现在激烈的升学竞争给学校、家长和学生带来了沉重的压力。升学考试的内容多指向与课本有关的知识和技能,而对学生的兴趣、爱好、创造性和合作能力等现代人必备的素质,却没有加以考核。因此,要真正落实它应有的地位和作用,转变教师、学生,以及家长的观念是很重要的一项工作。还会有诸如师资、经费、活动场所、评价等多方面的影响。我们相信,通过大家的认真研究、积极探索及有关方面的支持,随着课程改革的不断深入,作为推进素质教育的一个重要方面,科技活动校本课程这一新鲜事物定会得到进一步发展。

教师发展

新教师的第一步

从坐在座位上听老师讲课,到自己走上讲台给学生上课,时间相隔仅仅两个月。在这一次角色的转化过程中,如果能及早地在思想上、理论上、业务技能以及心理调适上做好准备,是非常重要的。

一、处理好三种关系

(一) 家庭与事业的关系

对于刚参加工作的青年教师来讲,第一个"三年"工作周期是至关重要的,它是决定一个教师发展方向的最关键的阶段。三年当中,要学、要做、要思考的东西很多,由于目前尚未成家,在时间和空间上比中老年教师有优势。因此,青年教师应充分利用这三年时间,努力学习,积极实践,争取在职业生涯的初期就能取得显著的成就。

(二) 同事之间的关系

1. 干群关系

学校组织机构下设"三处两室":德育处、教务处、总务处、教科室和校务办公室,各处室职责明确,精诚合作,保证学校教育教学工作、后勤工作的正常进行。各室的负责同志作为学校的中层干部承担了管理教职工的工作。但这种管理与被管理的关系只是分工不同,是为了满足工作需要。干部是教师,干部也是群众。干部与群众的关系应该是"鱼水关系",鱼儿离不开水;而不是"水火关系",水火不相容。如果离开了教师的支持,学校的任何一项工作都是难以做好的。同时,作为教师也应该认真履行职责,积极做好工作,尊重领导,服从安排,对学校负责,为学生服务。

2. 同行关系

特别是同一年级同一学科教师之间的关系,竞争是必然的,但更需要的是合作和互补。一个人的力量毕竟是有限的,只有集思广益,群策群力,才能创造意想不到的成功。人才的培养与造就，不是单凭一个人或一个学科就能完成的。时代在发展，大浪会淘沙，哪些人最容易被淘汰：一是没有本领的人；二是不会合作的人。目前，学校出台的奖励条例主要是以个人为对象的，这对提高教师的工作责任心起到了积极的作用，但也有负面影响。所以，学校在考虑以备课组、班级等集体为奖励对象，形成协同奖励体系。我们的理想是最终形成具有合作工作的教师、合作学习的学生、师生互动的新型教学关系的良好局面。

3. 同一办公室教师之间的关系

能在一起工作是一种缘分，学会尊重，学会关心，多一点信任，多一点体谅，创设一个团结、宽松、和谐、进取的工作环境，对每一个人来讲都是一种享受，也有利于青年教师的成长。整理办公室，做到美观、舒适。在办公室里不做与教育教学无关的事情，如下棋、打牌等游戏。如果是私聊，也不要影响别人的工作，更不应该把别人扯进去。同事之间若出现误会，彼此心胸开阔一点，"退一步海阔天空"。千万不要瞎猜疑，起坏心，也不要背后打小报告，说风凉话，或者在同事之间传播不利于团结的流言。这些都有损人民教师的形象。

(三) 师生之间的关系

正确处理师生之间的关系是教师正常而有效地开展教育教学工作的基本保障。良好的师生关系是建立在相互信任、理解、尊重的基础上的。所以师生之间人格是平等的，没有高低、强弱、尊卑之分。如果教师只是靠权利因素（教师的权威）来管理，居高临下，凌驾于学生的人格之上，必然会把斥责、讽刺、挖苦视为正常的教育手段，甚至对学生进行辱骂和体罚，最终使学生在学校、教室这个"文化生态"中，心灵得不到愉悦成长。表面看，老师八面威风，如鱼得水，其实是四面楚歌，水面下浮。就像空中楼阁，摇摇欲坠。教师的威信是靠权利因素之外的，诸如言行举止等逐步形成的。教师举手投足之间就会对学生产生潜移默化的影响。衣着是否得体，说话是否文明，待人是否和善，做事是否守信，都会对教师的威信产生影响。教师是学生崇拜的对象和效仿的榜样，"要求学生做的，首先自己要做到；要求学生不做的，首先自己坚决不做"。只有这样，才能形成良好的师生关系。因此，正如人们理解的那样，课堂上教师的微笑就像冬天里的太阳，能给孩子带来温暖。正如当代人本主义教育家罗杰斯所认为的那样，"真正有意义的学习是建立在正确的人际关系上的"。

二、做好三方面的准备

(一) 树立为教育事业奉献青春的远大理想

学校如同一片树林,林子大了,自然什么鸟儿都有,但是各种角色中,青年教师才是真正的主角。只有抓好青年教师队伍建设,学校才能赢得未来,学校发展才会有十足的后劲。近年来,由于外部环境的影响和市场经济的冲击,教师的价值取向发生了变化。一些教师淡化了对事业、对理想的追求,敬业精神有所下降,教学工作马虎,精力投入不足;有的教师贪图金钱和享乐,提出做人要"理论联系实惠";更有甚者,身为教师,却并不热爱教育事业,"身在曹营心在汉",八小时内养精蓄锐,八小时外满头大汗。这种教师把神圣的教育事业仅仅当作一种谋生的职业,丧失了应有的事业心和责任心,必定不能把工作做好。选择教师,就是选择了奉献和付出。教师的工作既承载了无数艰辛,也充满了光荣和责任。不当教师,是很难体会出"捧着一颗心来,不带半根草去"的情操,"甘为人梯"的奉献,以及"桃李满天下"的自豪。这种无怨无悔的献身精神,正是教师道德高尚、形象伟大之所在。因此,学校要求每一个青年教师培养正确的世界观、人生观、价值观,树立为教育事业奉献青春的远大理想。能吃苦,耐得住清贫,能爱生敬业,无悔于自己的选择。

(二) 提倡教师读一点真正有思想的作品

按照教师专业化的要求,教师迫切需要补充教育教学理论知识。因为相当一部分人并非"师范出身",其教育理论的学习很不扎实。所以,从这个角度来说,我们除了给教师一般的培训教材之外,确实应该提倡教师读一点真正有思想的作品。教师从事教育教学工作,要从过去的"以学科为中心"向"以教师为中心""以学生为中心"直至"以学习为中心"转变。只有不断地加强学习和积极地参加培训,更新观念,与时俱进,才会"青春永驻"。学习时要拓展自己思维的框架,用先进的理论去思考和判断现实的问题,从而使自己在各类教育问题的处理上游刃有余,左右逢源,这就叫站在"巨人的肩膀上"。因此,学校会定期组织青年教师进行教育教学理论知识的学习和讨论。"教育者先要受教育""给学生一杯水,教师要有一桶水""要点燃别人,自己先要有火种"等。否则,就难以胜任站在三尺讲台前的职责。

（三）教育学生要有"五心"：爱心、关心、细心、耐心和良心，做一名"五心级"的教师

在教师道德修养中，"关爱学生"是最基本的要求。一个充满"爱心"的教师，才会从高度的工作责任心和社会责任感出发，全身心地热爱自己的工作。教师只有把无私的爱奉献给学生，才会对所有的学生一视同仁，才会尊重学生的人格、个性和自尊心。爱是一种发自内心的真诚，是一种自我牺牲、依恋不舍的道德情操。近代教育家夏丏尊说，"没有爱就没有教育"，可见，具有"爱心"是教师工作必不可少的一项条件。

学生是教师工作的对象，而每一个学生都是有思想、有感情、有个性的活生生的人。从表面上看，学生之间似乎差别不大，但实际上，每个学生都有自己独特的、与众不同的一面。如果一个教师缺乏对学生的关心和了解，就不可能做到真正地爱学生，也就失去了做好教育工作的前提。教师只有全面地了解学生的学习、生活、思想、健康等情况，才能从实际出发，有的放矢地教育学生，取得好的教育效果。

要了解学生，就要力求全面深入。既要了解学生的过去和现在，又要了解学生成长的家庭生活环境和经常接触的各种人或事；既要了解学生表现在外的优缺点和特长，又要了解学生的内心世界，包括他们的苦恼和忧虑。总之，一个热爱学生的教师，就应该主动地了解学生。了解的目的是有效地关心学生、教育学生。如果了解得不客观，判断得不准确，就可能委屈学生、误解学生，从而无法进行正确的教育。为了防止这种情况出现，就需要教师在开展工作时要"细心"。

由于我们的教育对象大多是独生子女，平时娇生惯养，在家中享受着如"小皇帝"般的待遇。于是，就有一些学生把生活中的不良习惯带到学校中来，体现在上课纪律松散、回家作业偷懒、同学之间会因为琐事而争吵不休、对班级不关心、劳动时总想逃避；更有甚者，把老师的教育当作耳边风，有时还会跟老师顶嘴、背后辱骂老师等。对于这种情况，教师要经得起考验，承受住压力，多从学生的角度，站在学生的立场，倾听他们的呼声。所以，教师要懂得学生的心理特点，耐心细致地开展教育工作，不能简单地以自己的心理去推测学生的心理。

"五心"当中还有一个是"良心"。教师在经过慎重考虑、决定选择教师职业的时候,一定要充分认识教师职业是清贫的,这种职业不会给教师带来物质上的富有,教师的收入水平往往比其他很多职业的收入水平低。同时,教师的劳动效果的模糊性和缓显性常常掩盖了教师劳动的繁重性和艰辛性,从而导致教师的劳动付出与其所得到的报酬不相当。但即使是这样,也不应该影响教师的劳动热情和奉献精神,更不应当以自己的待遇低、付出与收入不成比例为借口,利用职权谋取私利,或者将知识的传授同商品的价格放置在一起实行等价交换的交易。教师的工作是"良心"活,千万不能为追求收入而淡化了它根本的职责。

热爱学生、关心学生与合理的严格要求并不矛盾。俗话说,"严师出高徒""教不严,师之惰",这些都是很有道理的。教师对学生的爱护和尊重,绝不是宠爱、溺爱或放任,而是爱中有严,严中见爱,严慈相济。古人说:"凡学之道,严师为难,师严然后道尊,道尊然后民知敬学。"这里既讲了当严师的不易,又讲了当严师的要求。

古人云:"师者,所以传道受业解惑也。"那么,什么样的人可以当教师呢?在汉朝的《韩诗外传》里韩婴讲过"智如泉涌,行可以为表仪者,人师也";我国的著名教育家陶行知先生也曾说:"学高为师,身正为范。"也就是说德才兼备才是一名合格教师的必要条件。

新教师校本培训的探索与思考

近几年,随着大批教师从教学一线上退下来,学校亟须引进新教师来补充师资力量。两年来,我校通过招聘教师共引进了 14 名新毕业的大学生,占到了专任教师的四分之一。由于我校是一所农村初级中学,因此招聘到的 14 人中 10 人是非师范类毕业生。现在要把他们全部推到教学的第一线,学校的压力很大。

首先,学校需要面对来自家长的压力。对于新教师,家长会认为他们经验不足,不会教书。缺少信任感,就缺少了家校的配合。一些家长一看到自己孩子的老师是新教师,甚至就想调班。

其次,学校还要面对学生的压力。许多学生往往善于察言观色,根据教师的表情行动,碰到面部表情特别严肃的教师,学生似乎更加顺从、听话,而对于那些刚刚从学校里走出来的新教师,学生可能会不屑一顾。

既然已经引进教师,就要合理安排,安排得不好,我们不能去责备新教师教学能力差,没有经验。因为我们知道他们不可能像成熟的教师一样出色地完成教学任务。我们也不能因为他们是新手,就对他们格外宽松,用一个年级、一个班级的学生作为教学"试验品",我们对不起学生,家长更不会原谅。学校使用新教师,必须成功,决不能失败。知道了其中的利害关系,学校就要思考如何最大限度地发挥新教师的功能。这一目标的实现,则需依靠以校为本的培训。

在新教师走上讲台前,学校需进行必要知识的培训,有助于新教师迅速进入角色。先在理论上体会做教师的感觉。对此,我们采取的办法是利用暑期中五天的时间向新教师介绍教师的基本知识。

第一步,进行爱校教育。我们请到学校的音乐老师来给新教师教唱校歌。别小看这一举动,校歌催人奋进,对新教师的触动是很大的,让他们知道教师与学校共荣辱,"学校光荣我光荣,我为学校争光荣",爱校然后爱岗,爱岗必然爱生。

第二步，我们开始介绍做教师的甜酸苦辣，让新教师一开始就对教师的责任、高尚性有正确的认识，也对作为教师的清贫、压力做好充分的思想准备。要在一年内消除家长、学生的不信任，摸索适合自己的教师发展之路。当教师就意味着付出，只有付出，才会有收获。

第三步，向新教师介绍学校的各种工作条例、章程和纪律。"没有规矩不成方圆"，教学程序规范化有助于新教师有章可循，避免了许多弯路。

第四步，是学校的骨干教师向新教师介绍经验。我们一般请老班主任讲如何当好班主任，如何开展班级管理和学生的思想工作，当班级管理过程中发生偶然事件时如何处置。再请有经验的任课老师谈谈怎样进行课堂教学，如何驾驭课堂教学，然后分学科手把手地教如何备课。

第五步，让新教师担任临时班主任。利用学生返校和新生报到的机会，让新教师在老班主任的指导下，独立地开展班级管理工作。让他们在学生面前大胆地讲话，大胆地组织，是学校第一轮培训的收尾阶段，在此基础上，新教师能静下心来思考与内化。

通过在暑期上岗前一段时间有针对性的培训，新教师对如何成为一名合格教师有了信心。有了信心，做事就有了动力，这是成功的开始。那么，真正站在了讲台上，我们就万事大吉了吗？不是的，接下来的培训工作仍然很艰巨。

首先，我们给每位新教师选派一名优秀教师带教，确定师徒关系，新教师上课前必须先听师父的课，怎么上，注意什么，听听师父是怎么上的，先模仿，再尝试。师父要看新教师备课，听新教师上课，不足的地方及时指出并改正。

根据需要，我们安排了 14 名新教师中的 9 名教师担任班主任。让他们在与学生的"零距离"交往中感受学生、理解学生、帮助学生。还有 5 名老师主动要求担任副班主任，协助班级管理工作。由于年龄上的接近，师生的兴趣爱好相同，平时的话题又投机。因此，师生关系非常融洽，许多学生在周记上吐露心声：我们的班主任就像大哥哥、大姐姐。

其次，在半个学期过后，学校开展每学年一届的"成长杯"青年教师教学展示活动，要求每一位新教师登台亮相，由于平时随堂听课的次数多了，在展示活动中，新教师们的课堂教学的能力、采用的方法有了显著的提高，特别是课堂的气氛相当活跃，充分体现了"以学生发展为本"的教育理念。我们还鼓励新教师上区级公开课,已经有6人在区级层面上向全区的同行展示了教学的风采,并受到了好评。

新教师的钻研精神和敬业精神尤为可嘉,他们的教学成绩也得到了家长的认可,在期中和期末考试中,许多新教师的带班成绩超过了老教师的成绩,在同级学校中处于领先的位置。例如,初二年级的三位数学老师都是新教师,在上个学期的区抽测中平均分超出区平均5分多,而那届学生的基础比较差,因此,能取得这样的成绩是很不容易的。

再次,每两个月,我们都要组织新教师座谈会,举办新教师交流的沙龙活动。每次活动都确定一个主题,如"当教师的甜酸苦辣""学校的不足和建议""罚学生站走廊之得失""一年工作回顾和新学期工作设想"等。之前,学校教科室组织新教师撰写在班级管理中的案例,在座谈会上请大家来探讨应对措施和方法,大家各抒己见,许多好点子不断被提出。形式丰富且具有新意,这让座谈会的效果得到了提高。每次座谈会后,新教师都受益匪浅。

由于新教师工作努力,成绩显著,现在已成为我校的一个先进群体,实现了"一年合格、三年优秀"中的"一年合格"目标。那么,如何在今后的教育教学工作中继续保持工作的热情,发挥优势,实现"三年优秀"的目标,则是我们需要进一步思考的课题。学校将仍然把新教师的校本培训作为学校师资培训的重中之重,对新教师的使用和培养仍是学校的重点工作。

第一,要充分肯定新教师在学校工作中的作用,在教学中要大胆地委以重任,放手让他们去接毕业班的课,当然,跟踪指导要坚持下去。目前,14名新教师中有3人担任学科的备课组长,通过压担子,把更多的新教师推上备课组长的位置。同时要在骨干教师的培养、师德标兵的评选中给予一定的名额。

第二,在充分利用学校资源的同时,还要借助于同类学校、进修学院、区级学科带头人的优势,让新教师在更广阔的天地里吸取营养,"走出去",与有着科研经验的教师结对,到教育教学质量高的学校中去观摩、听课学习等,开拓视野,更新观念。

第三,在总结和整理的基础上,开展系统的"新教师校本培训的实践和研究"课题研究,鼓励新教师撰写学习心得、体会文章、案例分析等,开始接触教学中相关课题的研究,在经历理论到实践完整流程之后,再回到理论的学习和研究中,为进一步投身教育教学做准备。

第四,在新教师中确立"以信息化带动教育现代化"的观点,重视现代化教育技术的建设和运用。学校要利用新教师在信息技术上的优势,通过添置现代化的教学设备,让电脑、多媒体走进新教师的教学中去,使信息技术与学科有机整合,提高课堂的效率。

总之,新教师的不断引进将是学校面临的新情况,如何让新教师能更快地进入角色,成为合格的教师,需要我们在使用和培养上下功夫。校本培训是一种非常有效的手段,学校通过自己设定培养目标,自己制定培养方案,自己实施培养计划,并可以根据培养过程中出现的情况作适当的调整和改变,使得培训方案更具针对性和灵活性。对此,我校将在今后的工作中做进一步的探索和思考。

论教师培训的有效策略

教师培训是指对教师进行的一系列具有针对性的、系统化的、持续性的战略性学习活动,旨在提高教师专业素质和教学水平,加强教育教学改革和创新,促进教育事业的发展。随着教育改革的推进和社会的发展,教师培训已经成为教育事业中不可或缺的一部分,受到了各个层面的关注和重视。然而,目前教师培训中还存在着很多问题和挑战,如培训目标不明确、内容单一、形式呆板、评价不科学、管理不规范等,这些问题严重影响了教师培训的质量和效果。因此,如何制定有效的教师培训策略,已成为当前教育改革中的一项重要任务。

本文拟就教师培训的有效策略进行探讨,包括培训的目标、内容、形式、评价以及管理等方面,旨在为教师培训的实践提供一定的参考与借鉴,促进教育事业的发展。

一、教师培训的定义、现状、意义和评价

(一) 定义

教师培训是对教师进行系统的、有计划的学习活动,旨在不断更新教师的专业知识和技能、深入研究和实践教育教学理论、提升教学方法和手段以及培养教师职业道德和素质。教师培训是教育事业中非常重要的一个环节,因为它能够提高教师的教育教学水平和教育教学能力,从而促进教育事业的发展。

在教师培训中,教师接受各种形式的学习和培训,例如课程学习、研讨会、研究性学习、实践教学等。通过这些学习,教师能够了解最新的教育教学理论和方法,学习先进的教学技能和工具,提高自己的教学水平和教育教学能力。同时,教师培训也能够促进教师之间的交流和合作,共同提高教育教学水平,提高学生的学习成绩和素质。

(二) 现状

近年来,我国的教师培训经历了规模、内容和方式方面的巨大变革。教师

培训已经成为中国教育事业中一个至关重要的组成部分,并且政府和教育部门纷纷出台了一系列相关政策和措施,加大了对教师培训的投入和支持。

在内容方面,教师培训已经不再是仅仅注重知识和技能培训,而是更注重提高教师职业素养和能力水平。这些内容包括教育教学理论的深入研究和实践、教学方法和技巧的提高、教育科研和科技创新的推广等。这些提高教师能力的培训内容,可以让教师更自信地面对教学,更善于解决问题、探索创新。

随着科技的发展,教师培训的形式也发生了巨大的变化。教师培训不是仅停留在传统的面授培训,而是涵盖了网络培训、远程培训、研讨会、研修班、实践教学等多元化的培训形式。这些多样化的培训形式,可以让教师更加方便地获取知识和技能,同时也带给了教师更多的学习机会和交流机会。

在评价方面,教师培训也发生了很大的变化。以前,教师培训是以数量和时间为主要评价指标,但现在,教师培训更加注重质量和效果的评价,包括教学观摩、教学评估、教学成果展示等。这些评价方式可以更加全面和客观地评价教师的培训效果,为教师的职业发展提供更多的参考和指导。

(三) 意义

教师培训这一重要手段对于提高教育质量和学生综合素质具有重要意义。教师作为重要的教育主体,其素质和能力直接影响教育的质量。教师培训的作用不仅体现在提高教师的教学水平和能力上,还可以带动教育教学改革和创新,推进教育事业的发展和进步。

1. 教师培训可以帮助教师提高教学质量和效果,提升其教育教学水平和能力

通过教师培训,教师可以学习到更先进的教育教学理念和方法,了解到最新的教育教学技术和工具,从而更好地开展教育教学工作,提高教学效果。与此同时,教师也能够更好地应对教学中遇到的各种问题,提高自身的应变能力和教学能力。

2. 教师培训有助于加强教育教学改革和创新,推动教育事业的发展和进步

随着时代的变化和社会的发展,教育也需要不断创新和改革,才能更好地适应时代的需求和社会的发展。教师培训可以帮助教师了解最新的教育教学理念和方法,从而更好地引领教育教学改革和创新。通过教师培训,教师可以更好地融入教育改革和创新的浪潮中,推动教育事业的发展和进步。

3. 教师培训可以提高教师的职业素养和能力,促进教师队伍的稳定和发展

教师培训可以帮助教师不断提升自身的职业素养和能力,从而更好地承担起教育教学工作的职责和使命。教师培训也可以增强教师们的事业心和责任感,激发其对教育事业的热情和追求,从而促进教师队伍的稳定和发展。

(四) 评价

教师培训一直是教育界和社会关注的重点,因为它对教师的专业发展和学生的学习成果有着重要的影响。如何评价教师培训的质量和效果,是教育工作者和政策制定者需要考虑的问题。目前,教师培训的评价主要包括三个层次:培训过程的评价、培训效果的评价和培训成果的评价。

1. 培训过程的评价主要侧重于培训的内容、方法和形式等方面

通过对培训课程的设计和实施过程的评估,可以确定培训的质量和效果。教师培训的内容应该符合教育部门的要求,涵盖教学方法、课程设计、教育技术和教学评估等。培训的方法和形式应该多样化,包括讲座、研讨会、实践教学和互动讨论等,以满足不同教师的需求和学习风格。

2. 培训效果的评价主要侧重于培训后教师的教育教学水平和能力的提高程度

通过对教师的培训效果进行评估,可以确定培训对教师工作的影响和作用。教师培训应该注重提高教师的专业技能和教育教学水平,帮助他们提高课程设计、教学策略和学生评估等方面的能力。通过对教师的培训效果进行评价,可以了解教师的专业发展和教学实践中取得的成果和经验。

3. 培训成果的评价主要侧重于教师培训在学校教育教学改革和学生综合素质提高等方面所取得的成果和效益

教师培训应该注重培养教师的教育教学理念,以及培养学生的综合素质,包括思维能力、创新能力和社会责任感等。通过对教师培训成果的评价,可以了解学校教育教学改革取得的成果和效益,以及学生综合素质的提高程度。

二、教师培训的有效策略

(一) 培训目标

教师培训的目标是指培训的目的和意义,是教师培训的基础和核心。明确

培训目标对于提高教师的教育教学水平和能力,增强其职业素养和能力具有重要作用。因此,制定明确的教师培训目标是教师培训的有效策略之一。

1. 教师培训应该注重提高教师的专业知识和技能

教师需要不断提高自己的教育教学水平,包括教学方法和手段的提高、教育教学理论的研究和实践等。只有这样,才能更好地为学生提供优质的教育教学服务,提高学生的学习效果。

2. 教师培训也应该注重增强教师的职业素养和能力

教师作为教育事业的重要组成部分,需要具备良好的教育教学理念、道德和职业操守。教师还需要具备教育创新能力,以应对不断变革的教育环境和日益多样化的学生需求。

3. 教师培训还应该注重促进教育事业的发展和进步

教师应该积极参与教育教学改革和创新,建立健全教育教学管理体系,推进教育科研和科技创新。这样,才能更好地推动教育事业的发展,满足社会对优质教育的需求。

(二) 培训内容

教师培训的内容是指培训的具体内容和要求,是教师培训的关键所在。教师培训的内容应该围绕着教师的职业素养和能力展开,注重教育教学理论的研究和实践,提高教师的教育教学水平和能力,促进教育事业的发展和进步。因此,优化教师培训的内容是教师培训的有效策略之一。

具体而言,教师培训的内容应该从以下几个方面进行考虑:

1. 教育教学理论和方法的研究和实践,是每个教育工作者都需要关注的重要问题

注重理论和实践相结合,是为了更好地将教育理论应用到实践中,从而提高教育教学的质量和效果。此外,我们也需要加强对新教育理念和新教育模式的学习和研究,以保持教育教学的前沿性和创新性。

2. 教学能力和素质的提高,是教师成长和发展的一个重要方向

注重教师的教育教学能力和素质的提高,包括课堂教学设计和实施、教学评价和反馈等方面。只有不断提升自己的教学能力和素质,才能更好地发挥自己的教育教学作用,提高学生的学习效果和成就感。

3. 教育资源和思想的更新，也是教育工作者必须关注的问题

注重教师对教育资源和思想的更新与引领，包括教育科研和科技创新的推广、教育信息化的应用等。随着科技的不断发展和教育形态的不断变化，我们需要不断更新自己的教育思想和方法，更好地适应教育发展的需要。同时，也需要积极推广和应用教育科技，提升教育教学的效果和质量。

（三）培训形式

教师培训的形式是指培训的方式和方法，是教师培训的重要环节。多样化的培训形式是教师培训的有效策略之一。教师培训的形式应该注重多样化、多元化，才能达到较好的培训效果。

具体而言，教师培训的形式应该从以下几个方面进行考虑：

1. 面授培训

这种方式可以通过研讨会、研修班、讲座等形式进行，注重知识和技能的传授和交流。这种方式可以让教师们直接面对专家，得到更加深入的学习体验。

2. 网络培训

这种方式包括网络课程、网络直播、网络研讨等形式，注重便捷和互动性。教师可以在适合自己的时间和空间安排下进行学习，同时也可以通过互动交流获得更加深入的学习体验。

3. 远程培训

这种方式包括远程视频、远程授课等形式，可以通过视频等媒介形式让教师们进行学习。这种方式可以让教师们不受地理位置限制，实现跨地域、跨学科的学习交流。

4. 实践教学

这种方式包括教学实习、教学实验、教学观摩等形式，教师们可以在实践中不断反思和总结，不断完善自己的教学技能。

（四）培训评价

教师培训的评价是指对教师培训的质量和效果进行评价和反馈，是教师培训的必要环节。教师培训的评价应该科学、客观、全面、多元化，注重培训的质量和效果。因此，科学评价是教师培训的有效策略之一。

1. 教师培训的质量评价很重要

这个方面主要考虑培训过程中的各个方面,包括培训的组织和管理、教师的参与和反馈等。在培训过程中,组织和管理的好坏直接影响到教师的学习效果,而教师的参与和反馈则能够帮助培训机构及时地调整培训方案,从而增强培训效果。

2. 教师培训效果的评价同样重要

这个方面主要关注培训后教师的教育教学水平和能力的提高,包括教学成果和反馈等。教师培训的最终目的是提高教师的教育教学水平,因此评价培训效果是非常必要的。

3. 教师培训成果的评价也是不可或缺的

这个方面主要关注教师培训在学校教育教学改革和学生综合素质提高等方面所取得的成果和效益,包括学校的教育教学改革和发展等。教师培训的成果能够直接影响到学校的教育教学质量,因此评价教师培训的成果也是十分关键的。

(五) 培训管理

教师培训的管理是指对教师培训的整个过程进行有效的监督和管理,是教师培训的重要保障。教师培训的管理应该规范、科学、全面、有效,注重培训的质量和效果。因此,完善的培训管理是教师培训的有效策略之一。具体而言,教师培训的管理应该从以下几个方面进行考虑。

1. 对于教师培训的组织和管理,需要对教师培训的安排和布置进行周密的计划和安排,确保每个教师都能参与到培训中来

而教师培训的实施和跟踪也十分必要,需要在培训期间对教师的学习情况进行全面的跟踪和记录,以便于后续的课程安排和补充。

2. 教师培训的监督和评估也是必不可少的环节

只有对教师培训的效果进行评估,才能准确了解教师培训的质量和效果,进一步改进和提高教师培训的质量和效果。因此,需要对教师培训的效果进行评估和质量监控,及时发现问题,采取相应的措施加以解决。

3. 教师培训的反馈和改进也是非常重要的

教师培训的反馈和评价能够让教师了解自己的不足,及时改进自己的教育

教学方法。同时,教师培训的改进和创新也是非常必要的,只有不断改进和创新,才能满足不同阶段不同教学目标的需求,保证教师培训的质量和效果。

三、教师培训存在的问题及其解决措施

教师培训在取得进步的同时,还存在着很多问题和挑战,如培训目标不明确、内容单一、形式呆板、评价不科学、管理不规范等。这些问题严重制约了教师培训的质量和效果,需要我们认真思考并提出相应的解决方案。

(一) 培训目标不明确

目前,许多教师培训的目标缺乏明确性,缺乏具体的衡量标准和实现路径。如果培训仅是为了应对政策,那么培训效果难以得到保障,也难以实现预期效果。

为了解决这个问题,我们现在需要在教师培训的设计阶段,明确培训的目标和预期效果,并制定相应的衡量标准和实现路径。同时,教师培训应该注重实用性和针对性,根据不同教师的实际需求和学科特点,制定有针对性的培训方案。这样,我们可以确保培训能够真正提升教师的教学能力和专业素养。

具体而言,教师培训应该为教师提供实际可行的解决方案,而非空泛的理论。为了达到这个目标,我们需要有针对性地设计培训方案,使其与教师的实际需求和学科特点相符。并且,我们需要为每个教师制订个性化的培训计划,以确保培训能够最大限度地满足教师的需求。

(二) 内容单一

为了解决教师培训内容单一的问题,我们需要从教师培训的设计阶段入手。在这个阶段,我们应该明确培训的目标和预期效果,并制定相应的衡量标准和实现路径。只有这样,教师培训才能够真正发挥作用,提升教师的教学能力和专业素养。

为了确保教师培训的实用性和针对性,我们应该根据不同教师的实际需求和学科特点,制定不同的培训方案。这样可以确保培训能够真正起到提升教师的实际教学能力的作用。例如,对于语文老师,我们可以针对阅读教学、写作教学等方面进行培训;对于数学老师,我们可以针对解题技巧、思维培养等方面进行培训。

此外,我们还可以通过制定不同的教育教学案例,来帮助教师更好地理解课程内容和教学方法。这些案例可以涉及不同的学科和不同的年级,让教师们可以更全面地了解教学现状和热点问题。

最后,我们还可以引入新的教学技术和教学理念,如课堂翻转、个性化教育等,来激发教师们的创新思维和教学热情,让教师培训真正成为提升教师教学能力和专业素养的有效途径。

(三) 形式呆板

在教师培训领域,有一些培训形式是相对呆板的,没有足够的互动和实践环节,这让教师很难更加有效地吸收和消化培训内容。这种情况给教师培训工作带来了很大的挑战。

为了解决这个问题,我们需要采取一些措施来改进教师培训的形式。首先,我们可以尝试采用研讨会、座谈会、课堂教学、集体备课等多种形式,以增加互动和实践环节,使培训更加生动、有趣。其次,我们可以将教师培训纳入教学实践中,让教师能够将所学到的知识运用到实际的教学中去,从而更好地消化吸收培训内容。此外,我们还可以采用一些新兴的教育技术,如在线教育、虚拟现实等,来丰富培训形式,让教师更好地体验到培训的价值。

(四) 评价不科学

一些教师培训机构的评价方式存在缺陷,评估方法过于单一,主要依据考试成绩或听课证明来衡量培训的效果和质量,而没有考虑到教师的实际需求和实际教学情况。这样的评价方式无法真正反映出教师培训的实际效果和质量,难以发现其中存在的问题和不足之处。

因此,为了进一步提升教师培训的效果和质量,必须注重多元化的评价方式。可以采用问卷调查、教学观摩、评估报告等多种方法,全面反映教师培训的实际效果和质量,以便更好地调整和改进教师培训的内容和方式。问卷调查可以直接了解教师对课程内容和教学方法的满意度和改进意见,教学观摩可以帮助教师了解其他教师的优秀教学实践和方法,评估报告则可以客观地评估教师培训的各个方面,包括课程内容、授课方式、教学效果等。

通过多元化的评价方式,不仅可以更加真实地了解教师培训的实际效果和质量,也可以帮助教师更好地了解自己的教学水平和不足之处,从而不断提升自己的教学能力和水平。同时,培训机构也可以根据评价结果进行有针对性的改进和优化,提高自己的培训水平和影响力,为教师培训事业做出更大的贡献。

(五) 管理不规范

管理不规范是目前教师培训面临的一个比较严重的问题。在教师培训过程中,许多机构缺乏规范的管理制度和流程,这导致培训内容重复、费用浪费等问题频发。

要解决这一问题,我们需要建立一套完善的教师培训管理制度,以确保培训质量的提高和效率的提升。这套制度应该包括明确的培训内容、方式、时间、地点的规定,以及培训的费用控制、证书颁发等相关程序的规定。

同时,对于培训机构和培训师资的监管也是非常必要的。只有在充分监管的前提下,才能确保教师培训的质量和效果。监管的手段可以包括对培训机构的认证和评级,对培训师的资格认证和培训成果的评价等。

总之,建立规范的教师培训管理制度和流程,对于提高教师培训的质量和效率,促进教师培训的可持续发展具有非常重要的意义。

论教师专业发展的途径

教师是教育事业中最为重要的角色之一,而教师的专业发展也是教育事业不可或缺的一部分。本文从教师专业发展的定义、重要性及其影响因素等方面出发,探讨了教师专业发展的途径,即教师自主发展、学校支持发展、社会参与发展以及政策引导发展。

一、教师专业发展的定义及重要性

教师专业发展是教师不断提升自己的教学水平和能力的过程,这是一个持续不断的过程。为了能够更好地推动学生的成长和发展,教师需要通过不断学习、探究、研究和实践来提高自己的教学知识和教学技能。这种不断学习和提升的过程有助于教师更好地理解和应用教学理论,同时也能够不断丰富自己的教学经验和教学方法,满足学生不同的学习需求。

在教师专业发展的过程中,教师需要积极参加各种专业培训和研讨会,了解最新的教育理念和研究成果,不断更新自己的教学知识和技能。同时,教师还需要不断反思自己的教学实践,发现自己的不足和问题,并尝试解决这些问题,以提高自己的教学水平。

教师专业发展是教育事业中至关重要的一环。在教育过程中,教师的角色至关重要,他们不仅要传授知识,还需要关注学生的需求和学习状态,以便更好地调整教学策略,提高教学效果。因此,教师专业发展是非常必要的。

教师专业发展不仅对学生的学习有好处,同时也对教师本身的职业发展有益处。通过专业的培训和学习,教师可以不断提高自己的教学能力和知识水平,不断学习新的教学方法和策略,以便更好地应对日益变化的教育环境和教学需求。此外,教师专业发展还可以提高教师的职业地位和职业认同感,让他们更有自信和动力投入工作中。

通过教师专业发展,教师可以不断提高自己的教学质量和水平,实现个人的职业成长和发展。同时,教师也能更好地服务于学生和社会,为教育事业做出更大的贡献。因此,教师专业发展不仅是教育事业的迫切需要,也是教师个人发展的内在需要。我们应该积极支持和推动教师专业发展,为教育事业和社会发展做出贡献。

二、影响教师专业发展的因素

(一) 个体因素

教师的个人素质、能力、经验、态度等都会对教师的专业发展产生影响。例如,教师的专业技能和教学经验对于其未来的专业成长至关重要。另外,教师的态度和动机也是影响其专业发展的重要因素,积极的态度和高昂的教学热情能够促使教师不断进步和成长。

(二) 学校因素

学校的管理模式、教育资源以及教师培训等都会对教师的专业发展产生影响。例如,学校提供的不同的培训机会可以帮助教师学习新的教学方法和技巧,并提高教学水平。此外,学校的管理模式和教育资源也会影响教师的专业发展,优秀的管理模式和充足的教育资源可以为教师的专业成长提供更好的环境和条件。

(三) 社会因素

社会的教育观念、文化传统、经济发展等也会对教师的专业发展产生影响。例如,社会对教育的重视程度和文化传统的影响都会间接影响教师的专业发展。此外,经济的发展也可以提供更多的教育资源和机会,为教师的专业发展提供更好的条件。

(四) 政策因素

政策的制定、实施和执行也会对教师的专业发展产生影响。政策可以为教师提供更多的专业培训机会和优质的教育资源,从而促进其专业发展。政策的科学制定、有效实施和严格执行也可以为教师的专业发展提供更坚实的保障和强有力的支持。

三、教师专业发展的途径

（一）教师自主发展

教师自主发展是非常重要的。教师应该具备自我学习、自我发展的意识和能力。他们需要不断学习、探究和研究,通过自我反思、自我评估和自我提高来实现教学水平的自主提高。教师可以通过参加各种培训和研讨会、阅读相关专业书籍和论文、与同行交流等方式不断提高自己的教学能力和水平。另外,教师还可以通过观摩其他教师的课堂、听取学生的反馈意见等方式,发现自己的不足之处并加以改进。

（二）学校支持发展

学校支持是教师专业发展的重要保障。学校作为教师的工作场所,也应该为教师提供大量的学习资源和专业发展的支持。学校可以通过开展教师培训、搭建教师交流平台、提供教学资源和设备等方式帮助教师专业发展。此外,学校还可以为教师提供更广阔的发展平台,如指导教师参加教学比赛、组织教师参与学科研究等,进一步提升教师的专业水平和教学能力。

（三）社会参与发展

在社会参与方面,教师应该积极参与各种教育活动,与社会各界保持互动和交流,不断拓展自己的视野和经验。例如,教师可以通过参加教育论坛和研讨会,与行业专家交流,参与社会志愿者活动等方式,来提高自己的专业水平和素养。

（四）政策引导发展

政府也应该在教师专业发展方面加大政策引导和支持。政府可以通过加大对教育事业的投入,提高教师待遇,建立相应的教师补贴政策等方式,来激励和促进教师专业发展。此外,政府还应该在教师职业发展的相关法律法规上提供更加明确的规定和指导。

四、结论

教师专业发展是教育事业中至关重要的一环,教师专业发展的途径应该是多元化的,在教师自主发展的基础上,学校、社会和政策应该共同参与,形成协调合作的格局,这样才能够实现教师专业发展的全面性和可持续性。其中,教师自主发展是最基础的,它需要教师具备高度的自我管理和自我学习的能力;学校支持发展可以为教师创造一个良好的学习和发展环境;社会参与发展可以让教师接触到更广泛的学习资源和交流平台;政策引导发展可以为教师提供更有针对性的培训和支持。综合而言,只有通过多元化途径的相互配合和协同努力,才能够使教师专业发展得更好、更全面。

当前教师职业压力问题与对策

随着社会的进步和发展,教师面临的压力也日益增加。教师在工作中面临着各种压力,这些压力主要来自工作量的繁重、教学质量的要求、学生管理的挑战以及社会对教师的认可等方面。教师在工作中面临着各种各样的压力,这些压力对他们的身心健康会产生负面的影响,并且也会影响到他们的工作效率和工作质量。

一、教师职业压力的原因

(一) 工作量

导致教师职业压力增加的一个主要原因是工作量的日益加重。

随着教育体制的改革和教学内容的不断扩充,教师需要不断学习和研究,以提高自己的教学水平。这就需要教师花费大量的时间和精力去备课、授课、批改作业以及与学生进行沟通等一系列工作,这都给教师带来了巨大的工作压力。

此外,教师在教学过程中不断应对学生的需求和家长的关注,需要与他们沟通、解答问题,同时还需要参加各种会议、培训等活动。这些工作都需要教师调整好自己的时间和精力,以确保工作任务顺利完成。

(二) 教学质量

评价教师的能力和水平时,教学质量是一个重要的标准。教师面临的教学质量要求不断提高,教学成果需要得到社会的认可,这也给教师带来了巨大的职业压力。在教学过程中,教师需要针对学生的不同需求,因地制宜,采用适合的教学方法,以提高学生的学习效果。教师应该充分了解学生的学习特点和学习风格,根据学生的个体差异进行个性化教学。在课堂上,教师可以采用多种教学方法,如讲解、示范、讨论、实践等,以满足学生不同的学习需求。此外,教师还可以利用多媒体技术和互动教学工具,增加教学的趣味性和互动性,激发学生的学习兴趣和积极性。通过不断调整教学方法和策略,教师可以更好地满足学生的学习需求,提高教学效果。同时,教师应制订适合的教学计划,并及时进行教学反思和改进,以提高教学质量。同时,教师需要在课堂上把握好时间、节奏和气氛等方面,以确保学生的学习效果和满意度。除此之外,教师还需要不断更新自己的教学方法和知识储备,以保持教学的新鲜感和生动性。

教师职业的压力不断增加,这是一个不争的事实。造成这一现象的原因有多种,其中之一是学生的需求和期望不断提高,他们对教师的要求越来越高。同时,教育制度的变革和政策的调整也给教师带来了不小的工作压力。此外,教师还面临着教学质量评估和考核的压力,需要不断提升自己的教学水平和专业能力。这些因素综合起来,使得教师的工作变得更加艰巨和具有挑战性。因此,我们应该关注教师的职业压力问题,并寻找解决办法,以提高教师的工作满意度和教育质量。

(三) 学生管理

学生管理对于教师来说是一项既繁重而又具有极大挑战性的任务。随着社会的进步和演变,学生们的行为和思维方式也在不断发生着变化。在这个过程中,教师需要高度关注学生的思想动态和人际关系,及时发现学生的问题并进行处理。这不仅需要教师具备强大的心理素质,还需要教师拥有一定的人际沟通能力。

在现实生活中,学生管理是教师工作中最常见的挑战之一。教师需要时刻保持警惕,密切关注学生的行为,尤其是在学生出现问题的时候,要及时进行干预。对于一些学生来说,他们可能会因为自身的成长环境或家庭背景等因素,产生一些不良的思想和行为习惯,这会对教师的工作带来很大的挑战。因此,教师需要与学生进行沟通交流,及时发现问题,采取正确的方法进行解决,以达到更好的教育效果。

(四) 社会认可

教师在教育工作中,需要凭借自己的专业知识和经验,对学生进行全面的教育和培养。然而,教师的工作并不仅仅是在教室内传道受业,他们还承担着培养未来人才的重要任务。因此,教师需要社会的认可和尊重来支持他们的工作。

如果教师的工作长期没有得到社会的认可和重视,他们必将承受巨大的职业压力。这种压力不仅来自工作本身的困难,还来自外界对教师群体的不尊重和不理解。教师的心态和教学质量受到多种因素的影响,这些因素可能对学生的成长和发展产生负面影响。

因此,社会应该给予教师更多的尊重和关注,让他们感受到自己的工作价值和社会地位。这样,教师才能更加专注于教育教学工作,为孩子们的成长和未来贡献更多的力量。

二、教师职业压力的影响

(一)影响教师的身体健康

教师在工作中常常面临着巨大的职业压力,这种压力对他们的身体健康会产生不利的影响。教师要长时间坐在课堂上进行讲解和指导,长期的久坐不动容易引发肌肉疲劳、颈椎病等身体问题。

(二)影响教师的心理健康

教师常常面临着巨大的职业压力,这种压力会对他们的心理健康造成负面的影响。教师身处于繁重的工作中,需要不断地应对学生的问题、家长的反馈和管理层的要求,这种高强度的工作会导致教师心理疲劳,同时,情绪波动、心理压抑、自我否定等问题也会逐渐出现。长期的职业压力还会导致教师出现抑郁症、焦虑症等心理疾病,这些问题无疑会严重影响教师的正常工作和生活。

(三)影响教师的工作效率和工作质量

教师在工作中所面临的职业压力,对其工作效率和工作质量产生了负面影响。长期的压力会导致教师情绪低落、精神压抑,这会影响教师的工作效率和工作质量,降低教学成果,进而对学生的成长和发展也会产生不良影响。

三、缓解教师职业压力的对策

(一)加强教师的心理健康教育

减轻教师职业压力的一个重要的方法是加强教师的心理健康教育。

教育部门可以在培训课程中增加有关心理健康的内容,以提升教师的心理健康意识,帮助教师更好地了解自己,学习有效应对职业压力的技巧。同时,为教师提供心理支持和帮助,如心理咨询服务、心理健康辅导等,让教师保持良好的心态和情绪。

(二) 减轻教师的工作量

减轻教师的工作负担是减轻职业压力的重要举措之一。教师的工作量一般包括备课、授课、批改、评估等,这些工作任务的累积会让教师感到压力倍增。为此,教育部门有必要对教师的工作任务进行合理的分配,合理规划教师的工作时间,为他们提供更多的时间来关注学生的学习和成长。此外,采用一些现代化的教育技术,如智能化的批改系统、在线教学平台等,也可以有效减轻教师的工作量。

(三) 加强学生管理

学生在教师工作中扮演着不可或缺的角色。良好的学生管理不仅可以保证教学秩序,也可以促进教师与学生之间的良好关系,缓解教师职业压力。为了加强学生管理,教育部门可以建立健全学生管理制度,制定合理的学生教育规划,帮助学生解决问题。一方面,通过复述文本,学生能够加深对知识的理解和记忆,促进思维的深入思考和整合。此外,复述文本还可以帮助学生培养语言表达能力和沟通能力,提高他们的写作和口语表达水平。总的来说,复述文本对学生的学习和发展都有积极的影响。另一方面,也可以减轻教师在管理学生方面的工作量,使其更加专注于课程教学和学生的个性化发展。通过加强学生管理,我们可以创造一个更加和谐、有序和高效的教学环境,缓解教师职业压力,提高教育质量。

四、结论

教师是一群非常重要的职业人员,他们承担着培养未来人才的重任。尽管如此,教师们常常面临着巨大的职业压力,这种压力会影响他们的工作效率和工作质量。为了减轻教师们的工作压力,教育部门可以采取多种方法和措施。

首先,加强心理健康教育,帮助教师更好地应对日常工作中的压力和挑战,提高心理素质和应对能力。其次,减轻教师的工作量,通过优化工作流程、增加教师人数等方式来减轻教师的工作负担,提高工作效率。同时,为教师提供更好的教育资源和培训机会,使他们能够更好地掌握教育知识和技能,提高教学质量。最后,加强学生管理,为教师提供更好的教育环境和教育资源,减少教师与学生之间的冲突和问题,提高教育效果。通过这些措施,可以缓解教师的职业压力,提高教师的工作效率和工作质量,为教育事业的发展做出更大的贡献。因此,教育部门应该积极采取这些措施,实现教育目标的同时,更好地保护和尊重教师的职业权益,提高教师的工作满意度和职业认可度。

教师职业发展的心理障碍及管理对策

教师职业发展在社会发展和教育深化过程中变得越来越重要,然而,教师在职业发展过程中会面临诸多心理障碍,如工作压力、职业倦怠、对未来的不确定性等。这些心理障碍不仅会影响教师的职业生涯发展,还会阻碍其个人的成长。为了帮助教师克服这些障碍,本文提出了一些管理对策,如建立支持系统、提供培训和发展机会、提高教师的自我认知和管理能力等。这些对策将有助于教师实现职业发展和个人成长,提高教育质量和水平。

一、教师职业发展中存在的心理障碍

(一)职业压力

教师是一个充满责任且具有高度压力的职业。他们需要肩负着教育重任,同时需要面对家长、学生和社会的各种期望和挑战。这些压力让教师感到疲惫、焦虑、抑郁和失落,从而影响他们的职业发展和个人生活。

教师职业压力主要来自教育工作的特殊性质和教学环境的复杂性。教师需要同时承担多项任务,如备课、授课、考试、评估、管理等,这使得他们的工作量很大,难度很高。特别是在学校内部,教师还会面临着与其他教师、学生、家长以及学校领导等多方面的沟通和协调问题,这无疑会加大他们的工作压力和心理负担。

(二)职业失落感

教师所面临的职业失落感也是一个非常普遍的问题。教师在教育工作中面临着各种困难和挑战,包括学生的不尊重、教学质量的下降、管理不善等。这些问题会导致教师认为自己的工作没有发挥出应有的价值,从而产生职业失落感。他们也会感到自己的工作受到了质疑,自己的付出没有得到应有的回报,从而降低他们的工作积极性和自信心。

(三)职业倦怠

教师还会面临职业倦怠的问题。教师的工作需要长时间的精力和体力投入,这会让教师感到疲惫和倦怠。职业倦怠不仅会影响教师的工作效率和工作质量,同时也会给他们的身心健康造成负面影响。特别是在面对繁忙的工作和复杂的教学环境时,教师往往感到无所适从。

(四)职业不满意度

教师的工作不仅涉及传授知识,还包括管理班级、处理学生问题和与家长沟通等多方面任务。如果教师的工资待遇不理想,工作条件不佳,工作环境不舒适或者工作任务过于繁重,这些都可能成为引发教师职业不满意度的因素。这种不满意度会对教师的工作产生不良影响,也可能导致教师丧失对工作的热情。

(五)职业发展困境

教师的职业发展也是一个重要问题。教师的职业发展不仅取决于学历和工作经验,更需要具备良好的职业规划和相应的发展机会。如果教师得不到发展机会和支持,就很容易陷入职业发展困境。这种困境会使教师的工作变得枯燥乏味,还可能导致他们对自己职业的信心和热情逐渐消退。

二、管理对策

对于教师职业发展的心理障碍,我们可以采取以下几种管理对策。

(一)职业发展规划

学校和教育机构应该为教师提供职业发展规划和培训机会。这些规划和培训应该针对教师的职业定位和发展方向,帮助他们提高职业素质和能力水平。职业发展规划可以帮助教师明确自己的职业方向和目标,从而更好地规划自己的职业发展。同时,通过职业培训,教师可以提高自己的专业知识和技能,增强自信心,提高职业竞争力。

(二)职业支持体系

学校和教育机构应该建立健全职业支持体系。这个体系包括心理咨询、职业培训、工作环境改善等多个方面。心理咨询可以帮助教师应对职业压力和职业困境,提高职业满意度。职业培训有助于教师专业知识和技能的更新和提升,以适应新时代的教育需求。工作环境的改善可以优化教师的工作环境和条件,从而提高工作效率和生产力。

(三）职业激励机制

在教育机构中，建立一个有效的职业激励机制，对于激励教师积极投入工作、提高工作效率和工作质量，具有至关重要的作用。这个激励机制可以通过多种方式实现，例如提高工资待遇、职业晋升、奖励等方式。这些都可以激励教师更加努力地工作，不断提高自己的专业技能和职业水平。一个有效的职业激励机制还可以帮助学校和教育机构留住最优秀的教师，确保教育质量的稳定，并促进教育质量的提高。

(四）职业交流平台

学校和教育机构应该建立一个职业交流平台，为教师提供交流和分享的机会，促进教师的职业发展和个人成长。这个平台可以为教师提供一个互相学习和分享的空间，教师可以分享自己的经验和教学方法，学习其他教师的经验和方法。这样的职业交流平台可以帮助教师更好地适应教学环境，提高教学效果和教学质量。

(五）职业心理辅导

职业心理问题是指教师们在工作中常常面临的问题，例如工作压力、职业疲劳、人际关系等。这些问题可能会影响教师的工作效率和工作质量。因此，学校和教育机构应该为教师提供相应的心理辅导服务，帮助他们更好地应对职业心理问题，提高工作效率和工作质量，保持心理健康。

三、结论

教师是教育事业的中坚力量，他们的职业发展是教育事业长期发展的基石。然而，教师职业发展存在着一些心理障碍，如职业倦怠、工作压力、情绪波动等，这些问题不仅影响教师个人的职业发展，也会对教育质量产生不良影响。因此，我们应该采取相应的管理对策来帮助教师处理职业心理问题，提高职业满意度和工作效率。

在管理对策方面，学校和教育机构应该积极关注教师职业发展问题。首先，应该鼓励教师进行职业规划，了解自己的职业发展方向和目标，以便更好地发挥自己的优势和潜力。其次，应该为教师提供专业的培训和发展机会，使他们能够不断提升自己的专业水平和知识储备。此外，还需要建立一个良好的工作氛围,支持教师在工作中不断探索和创新,提升工作效率和成果。

针对教师职业发展问题,制定出可行的管理对策显得尤为重要。采取上述措施,可以推动教师职业发展,提高教育质量和教师的职业水平。同时,也可以有效减少教师职业心理障碍,增强教师的职业满意度和工作积极性,从而推动教育事业的可持续发展。

信息技术与教师的成长

信息技术的发展,使得教育也在不断地变革和更新。教育工作者需要通过信息技术来提高教学效果,拓展教学手段,提高教育质量。教师作为教育工作者,需要适应信息化时代的教育需求,不断提升自己的教学水平和专业素养。本文将从信息技术的发展与教育的需求出发,探讨信息技术对教师的影响,以及如何通过信息技术提升教师的教学水平和专业素养。

一、信息技术的发展与教育的需求

信息技术的快速发展,改变了教育的传统形态,教育工作者需要通过信息技术来提高教学效果和教育质量。教育需求的变化,也使得信息技术成为教育的重要支持。

(一) 信息技术的发展

信息技术是指在信息化社会中产生和应用的各种技术手段和方法。信息技术的发展,主要表现在以下几个方面:

1. 计算机技术

计算机技术是信息技术的核心。计算机的发展和应用已经成为信息时代的主要工具。在计算机技术的帮助下,人们可以更加高效地处理和存储大量的信息。计算机技术的发展也带来了人工智能等领域的突破,这些技术为人类带来了更多的便利的同时,也提升了效率。

2. 互联网技术

互联网技术的发展使得全球范围内的信息互通更加容易。互联网技术的应用已经成为人们获取和交流信息的主要方式之一。人们可以通过互联网轻松地获取各种信息,例如新闻、商业信息等。同时,互联网技术也让远程办公、远程教育等变得更加便捷。

3. 移动终端技术

移动终端技术的发展使得人们能够随时随地获取和交流信息。智能手机、平板电脑等移动终端设备已经成为人们生活中不可或缺的一部分。在这些移动终端设备的帮助下,人们可以随时随地进行各种信息交流和数据处理。

4. 物联网技术

物联网技术的发展将各种物体与互联网连接起来,形成了一个智能化的网络。通过物联网技术,人们可以更加智能地管理和控制家庭和工作环境。例如,智能家居技术可以帮助人们实现远程控制家庭设备和管理家庭安全等。

(二) 教育的需求

教育的需求是随着社会的发展而不断变化的。当前,教育的需求主要表现在以下几个方面:

1. 教育质量的提高

教育质量的提高是教育工作者不断追求的目标之一。为了实现这一目标,教育工作者需要不断提高自身的专业水平,探索新的教学方法和技巧,并致力于创新教育内容和教学模式。

2. 灵活的教学方式

除了教育质量的提高,灵活的教学方式也是当前教育的需求之一。教育工作者需要通过灵活的教学方式来满足不同学生的学习需求。这包括根据学生的兴趣和能力设置不同的学习任务和活动,采用多种教学手段和教学技巧等。通过这些灵活的教学方式,教育工作者可以更好地激发学生的学习热情和积极性,提高学生的学习效果。

3. 开放式教育

开放式教育也是当前教育的一大趋势。开放式教育可以拓展学生的视野,提高学生的创新能力和竞争力。通过开放式教育,学生可以接触到更多的知识和信息,了解更多的社会现象和文化背景,从而更好地适应未来的社会和工作环境。

4. 精细化的管理

精细化的管理也是当前教育的一个重要需求。精细化的管理可以提高教育机构的效率和管理水平。通过合理的规划和管理,教育机构可以更好地利用教育资源，提高教育的质量和效益。同时，精细化的管理也可以帮助教育机构更好地应对各种挑战和问题，确保教育工作的顺利进行。

二、信息技术对教师的影响

信息技术的发展，对教师的教育思想、教学方法和教学手段产生了重大影响，使教师需要适应新的教育环境和变化的教育需求。

(一) 教育思想的转变

信息技术的发展导致教育思想的转变。传统的教育模式强调知识的灌输，希望学生能够尽快掌握各种知识和技能。然而，信息技术的出现给教育工作者带来了更多的选择和可能性，使得他们可以更加注重学生的综合素质和人格培养。因此，现代教育更加注重学生的主动性、创造性和批判性思维能力的培养。

(二) 教学方法的改变

信息技术的发展也推进了教学方法的改变。教育工作者可以采用更加灵活、多样化的教学方法，如互动式教学、个性化教学、协作式学习等，以更好地满足学生的学习需求。这些教学方法可以极大地激发学生的学习兴趣和积极性，促进学生的学习效果和质量的提升。

(三) 教学手段的拓展

信息技术的丰富也拓展了教育工作者的教学手段。多媒体教学、网络教学、远程教育等教学手段的出现，使得教育工作者可以更加灵活、自由地选择教学内容和方式，并可以满足学生不同时间、地点、进度等方面的个性化需求。这些教学手段也提高了教育的效率和效果，使得学生可以更快地获取知识、提高能力。

三、如何通过信息技术提升教师的教学水平和专业素养

信息技术的应用，使得教育工作者可以更好地满足学生的学习需求，提高教学效果和教育质量。接下来，本文将从教师自身的信息技术能力和教学理念出发，探讨如何通过信息技术提升教师的教学水平和专业素养。

(一) 教师的信息技术能力

教师需要具备一定的信息技术能力，以便更好地利用信息技术提升教学水平和专业素养。具体来说，教师需要掌握以下几个方面的技能：

1. 计算机操作能力

教师需要掌握计算机的基本操作技能,如打字、复制、粘贴等。这样,他们才能够灵活地使用计算机来整理教材、制作教案等。

2. 多媒体制作能力

教师需要掌握多媒体制作的技能,如制作幻灯片、视频等。这些多媒体资源可以帮助教师更直观地向学生展现知识点,同时也可以丰富教学内容。

3. 网络应用能力

教师需要掌握网络应用的技能,如网络搜索、收发电子邮件等。这些网络应用可以帮助教师快速获取教学资源,也可以方便与学生、家长之间的交流。

4. 教育软件运用能力

教师需要掌握教育软件的运用技能,如教学管理软件、教育游戏等。这些教育软件可以方便教师进行教学管理、教学评估等工作,也可以丰富学生的学习过程,提升学习的趣味性和参与度。

(二)教师的教学理念

教师的教学理念对于教学效果和教育质量有着至关重要的影响。在信息化时代,教师的教学理念需要适应信息技术的发展,具体来说,教师需要具备以下几个方面的教学理念:

1. 在教学中,要将学生视为学习的主体,将学生放在教学的中心,注重培养学生的主动性和自主学习能力

教师应该以学生为主导,帮助他们发现自己的学习兴趣和潜力,引导他们通过自主学习来提高自己的综合素质,让学生成为自己学习的主人。

2. 个性化教学是一种针对学生特点和需求定制的教学方式

教师需要根据学生的不同特点和需求,采用不同的教学方法和手段,实现个性化教学。例如,对于学习差异较大的学生,教师可以采用分层教学的方式,将学生分成不同层次,因材施教,以满足每个学生的学习需求。这样既可以提高学生的学习效果,又可以提升学生的学习兴趣和积极性。

3. 协作式学习是指通过学生之间的协作和互动,促进学生之间的交流和合作,达到共同学习的目的

教师可以引导学生在小组内进行协作学习,鼓励他们分享知识和经验,促

进学生之间的互助和支持。通过协作学习,学生可以更加深入地理解学习内容,提高学习效果,同时也可以培养学生的合作能力和团队意识。

4. 开放式教育是一种突破传统教学的教育方式

教师需要将学生从教室中解放出来,带领他们走进社会,了解社会的发展和变化。教师可以引导学生参加社会实践活动、访问企业和机构,以及参观各种展览和博物馆等,为学生提供更广阔的学习空间和机会,培养学生的创新能力和实践能力,让学生更好地适应社会发展的需求。

四、结论

信息技术的迅猛发展对教育的影响无疑是巨大的,教育工作者需要不断适应信息化时代的教育需求,提升自己的教学水平和专业素养。本文从信息技术的发展与教育的需求出发,探讨了信息技术对教师的影响,以及如何通过信息技术提升教师的教学水平和专业素养。希望本文对于教育界的同仁有所帮助。

学生成长

关注生命教育　培养健康人格

曾经读过这样一个故事:苏格拉底和一个朋友相约到一个很远的地方去游览大山,据说那里风景如画,犹如仙境。几年以后,两人相遇了。他们都发现,那座山实在是太遥远了,他们就是走一辈子也难以到达那个令人神往的地方。朋友十分沮丧地说:"我用尽精力奔跑过来,却什么也没有看到,真是太叫人伤心了!"苏格拉底掸了掸身上的灰尘说:"一路上有那么多美丽的风景,难道你都没有看到?"朋友说:"我只顾朝着遥远的目标往前奔跑,哪里有心思欣赏沿途的风景啊?""那就太遗憾了,"苏格拉底说,"当我们追求一个遥远的目标时,要知道沿途处处有美景!"

人生何尝不是如此呢?只有认识到生命的短暂、一去不返,才会想到珍惜生命;只有意识到生命属于自己且只有一次,才渴望抓紧每一个现在、重视每一个过程!希望在这仅有一次的生命中,活出色彩,活出精气神来!

生命教育的实质,就是教育青年学生树立科学的人生观,懂得生命的意义和价值,回答一些人生必须回答且不容回避的问题,诸如我是谁、我从哪里来、要到哪里去,诸如我为什么到这个世间来、如何实现人生目标、如何做得更好,诸如我是什么、我应该成为什么、我将会成为什么……这些问题,都是我们每个人需要回答的问题,值得探讨、值得深思!由此可见,生命教育的意义就在于我们不仅要进行生命意识的教育,更要注重生命价值的教育。

当前,先进文化、新的思想观念正在丰富着青少年的精神世界。但同时,社会环境的纷繁复杂、腐朽文化和有害信息也在腐蚀青少年的心灵。随之而来的一些消极因素在一定程度上影响了青少年的道德观念和行为习惯,导致部分学生道德观念模糊与道德自律能力下降,对自身生命的价值缺乏足够清醒的认识。由此,产生了厌学、沉迷网络、偷盗打架甚至自杀、残害他人性命等问题。如何教育学生懂得善待生命、学会更好地生活,已经成为当代教育亟须关注与解决的问题。

《上海市中小学生命教育指导纲要》指出生命教育既是人的全面发展的需要,也是学生健康成长的迫切要求。只有通过多种渠道、多种途径,对中小学生进行生命与健康、生命与安全、生命与成长、生命与价值、生命与关怀的教育,帮助和引导学生正确处理个人、集体、社会和自然之间的关系,使学生学习并掌握必要的生存技能,认识、感悟生命的意义和价值,才能培养学生尊重生命、爱惜生命的态度,学会欣赏和热爱自己的生命,进而学会对他人生命的尊重、关怀和欣赏,树立正确的世界观、人生观和价值观。

就学校而言,实施生命教育,要按照孩子的身心发展特点和教育规律来进行。遵循认知、体验、实践的原则,引导学生贴近生活、体验生活,在生活实践中融知、情、意、行为一体,从而丰富学生的人生经历,让他们获得生命体验,拥有健康人生。

一、让学生在感知中认识生命教育的意义

(一) 建设充满生命情怀的校园文化

校园文化是生命教育中一项重要的显性与隐性并重的教育资源。学校实施生命教育,要重视校园文化的建设,努力建设"关爱生命,创造健康"的生命教育氛围。

显性的校园环境最能彰显这一主题:让校园的一草一木都充满生命气息,赋予生命教育的内涵。走进学校,就像走进了花园,花草树木充满着蓬勃的生机,让人精神焕发;创设校园文化墙,让学生展示自己的绘画作品,表达对自我、对他人、对自然生命的热爱;学校还可以在楼道书写温馨提示,时刻提醒学生注意生命的安全;在走廊布置励志格言,激励学生形成积极向上的学习态度……同时,我们更要注重隐性校园文化的培养与积淀,那就是整个校园所体现出来的精神内涵,体现在校园内每个人身上的精神特质。这是一笔历久弥新的精神财富,也是学校生命教育的最佳载体与最好舞台。

(二) 整合学科资源有机渗透生命教育

生命教育的内容涉及学校各个学科领域,对学生进行生命教育应充分发挥学科的渗透功能。

教师要结合教学内容,对学生进行认识生命、珍惜生命、尊重生命、热爱生

命,提高生存技能和生命质量的教育活动。同时充分运用与学生密切相关的事例作为教学资源,利用多种手段和方法开展生命教育活动。

如在语文教学中,运用充裕的课文教学资源,引导学生感受生命、珍惜生命、尊重生命,同时运用语文资源,教育学生掌握生存知识,对学生进行直面挫折教育等。在科学教学中,引导学生了解生命的产生,体会父母养育的艰辛。在音乐与美术课上,可以利用艺术美感陶冶学生的情操,提高学生的审美情趣,从而使学生保持乐观积极的心态,激发学生对生命的热爱之情和对生活的创造热情。在体育课上,以发展基本活动能力为线索,学习少儿健身的安全常识和部分生存技能与方法。尝试合作与互助,明白健身、保健和安全等必备的常识。组织学生积极参与体育活动,把"每天锻炼一小时,健康生活一辈子"的理念根植于每个学生的心灵。在思品、班会课上,引导学生知道生命既属于自己,也属于家庭和社会。认识每个人只有一次生命,要爱护自己的生命,尊重和关爱他人的生命。懂得具备生活的自理能力和掌握为社会服务的本领,是生命价值的重要体现。能够合理安排学习生活和闲暇生活,保持良好的心境。善待自己,关心、理解和尊重他人。

二、让学生在体验中感悟生命教育的价值

实施生命教育,就是让学生关爱生命,更加注重提升生命质量,更注重实现生命价值。应当把生命教育纳入学校德育教育发展规划,开展生命教育课堂教学和综合实践活动。对学生进行从"活着"到"活好"再到"活出价值"的三维生命教育。生命教育,不仅关爱生命,更注重实现生命价值,把生命观、价值观和实践观结合起来追求有意义的人生。

(一) 借助专题教育,引导学生珍惜生命

结合学生生活实际的专题教育,既能对学生起到潜移默化的警示教育,又能让学生在耳濡目染中引发思考,珍惜自己和他人的生命。

生命教育要通过各类主题教育,开展灵活、有效、多样的生命教育活动。生理健康教育:培养学生的健康意识、良好的锻炼习惯以及关注他人健康及群体健康的意识。安全教育:学习必要的预防意外伤害和在困境中求生的技能,在困境中能够正确选择应对措施,了解常见自然灾害产生的原因,做好自我防护

并力所能及地帮助他人,提高学生关注自身和他人安全的意识和技能。法制教育:进行社会主义民主与法制观念教育,增强学生的国家意识、权利义务意识、守法用法意识,进行预防未成年人犯罪教育,使学生明辨是非,提高自我约束、自我保护能力,预防和减少违法犯罪行为。心理健康教育:以帮助学生适应环境,正确处理交往、学习中遇到的困惑为主,培养学生开朗、合群、乐学、自助的人格和乐于交流、合作与分享的心理品质。

(二) 发展学校社团活动,引导学生热爱生命

学生社团是帮助学生认识生命、体验生命的重要载体。学校要重点发展绿色环保社团、生物科技社团、心理互助社团、体育健身社团等,指导学生广泛开展与生命教育相关的校园文化活动,使学生形成积极的生活态度,进而欣赏和热爱生活。如在校园内组织田径队、篮球队、健美操队等,通过各种体育锻炼,增强学生的身体素质,从而让学生更加热爱生命,感受到生命的可爱。举办校园艺术节、科技节活动,激发学生对校园生活的向往和憧憬,发挥自己鲜明的个性与特长,让学生在活动中培养对生活和生命的热爱,增强对自己生命价值的认同,并学会赏识他人。

(三) 结合各种节日和纪念日,培养积极的生命价值观

学校要充分利用国家法定的各种节日和纪念日,特别要以世界环境日、禁毒日、预防艾滋病日以及春节、清明节、端午节、中秋节、重阳节等节日为契机,从青少年学生的终身幸福和健康发展出发,关注各年龄阶段学生的不同需求,解决学生的各种困惑,整体设计和开展教育活动,进行有针对性的生命教育。

三、让学生在实践中提升生命教育的内涵

毛泽东曾经说过:"世间一切事物中,人是第一个可宝贵的,只要有了人,什么人间奇迹都可以创造出来。"生命教育体现了以人为本的科学发展观的核心思想。生命教育是全方位的教育,也是体现以人为本,最终培养创造力的教育。学校生命教育中课外的实践活动是最有效的延伸和补充。

(一) 充分利用学军、学农契机对学生进行安全教育、生存技能的教育

通过这些活动让学生了解社情民意,开阔眼界,丰富阅历,使同学们学到了许多课本上没有的东西,积累了社会经验,锻炼了办事能力和社会适应能力,培

养了合作精神和社会责任心。

(二) 组织开展形式众多的实践活动

开展采访、参观、调查、实践等,队员们在实践活动中学习,在实践活动中触动心灵,体验生命之价值。在具体实施时,我们要充分利用各级各类青少年活动基地、社区德育基地、公共文化体育设施开展生命教育活动,拓展学生的生活技能训练和体验。组织学生去敬老院、福利院等社区机构参观访问,邀请社会知名人士来学校演讲、作报告,与学生座谈、讨论等。

(三) 开展"蓝天下的至爱"等募捐帮困活动

充分利用这些活动引导学生学会关爱社会弱势群体,通过角色体验丰富其对人生意义的感悟。

"生命教育不仅是教会青少年珍爱生命,更要启发青少年完整理解生命的意义,积极创造生命的价值;生命教育不仅是告诉青少年关注自身生命,更要帮助青少年关注、尊重、热爱他人的生命。"加强生命教育,其核心在于牢固树立育人为本的观念,贴近学生生活,紧密关注青少年生理心理变化。在推进生命教育的过程中,我们要增强教育的针对性、实效性,使学生在认识生命、珍惜生命、尊重生命和热爱生命的基础上,进一步感悟个体生命在社会中的价值和意义。

建立心理健康教育网络　充分挖掘学校教育资源

现代基础教育非常重视对学生进行全面的素质教育,包括培养学生的思想素质、文化素质、身体素质和心理素质等。未来的社会将是一个竞争十分激烈的时代,经济的飞速发展,生活节奏的加快,对每个人的心理承受能力提出了更高的要求。个人的心理素质,也将成为竞争成败的重要因素。目前,学生的心理健康问题已经越来越受到教育部门的重视。学校开展心理健康教育的目的就是为了增强学生的心理素质,培养健全的人格,从而逐步提高学生的整体素质水平,培养新一代的社会建设者。从这个意义上讲,心理健康教育在素质教育中有着举足轻重的地位。

学生产生心理问题的原因是多方面的,有的是学习、生活不理想造成的;有的是由于思想空虚,对前途缺乏信心;还有的是由于早恋问题、不合群体等引起的。要使学生在心理素质方面得到提高,必须开展具体的心理教育和心理训练,使学生在学习生活中产生的心理问题,随时得到疏通和缓解。学校开展心理健康教育,不能只成立一个咨询室,挂出一只"心理咨询信箱",守着学生上门倾诉心里的烦恼;也不能仅仅局限于针对个别学生的心理问题开展单独的谈心和辅导;要注意坚持面向全体学生开展正面教育,把心理教育工作做在前面,做到"防患于未然";要充分挖掘学校教育各方面的资源,发挥优势,采用多渠道的教育形式,把"心育"与其他各育有机结合起来,形成教育的整合作用,提高教育工作的成效。因此,学校需要建立一个完整的人人参与的心理健康教育网络,这是心理健康教育工作正常有序开展的重要保证(见图1)。

校长亲自挂帅,担任组长,配好心理咨询的专职和兼职教师,并负责全面工作的铺开,协调各部门的工作。每学期开学前认真、全面地对学生心理健康状况作较透彻的分析,制定好心理健康教育的计划,厘清本学期健康教育工作的重点,选择普遍存在的问题,如青春期心理、情感和情绪、学习心理、社会适应心理等,作为开展专题教育的内容。中阶段,可以根据学校实际情况对教育内容做适当的调整和补充。

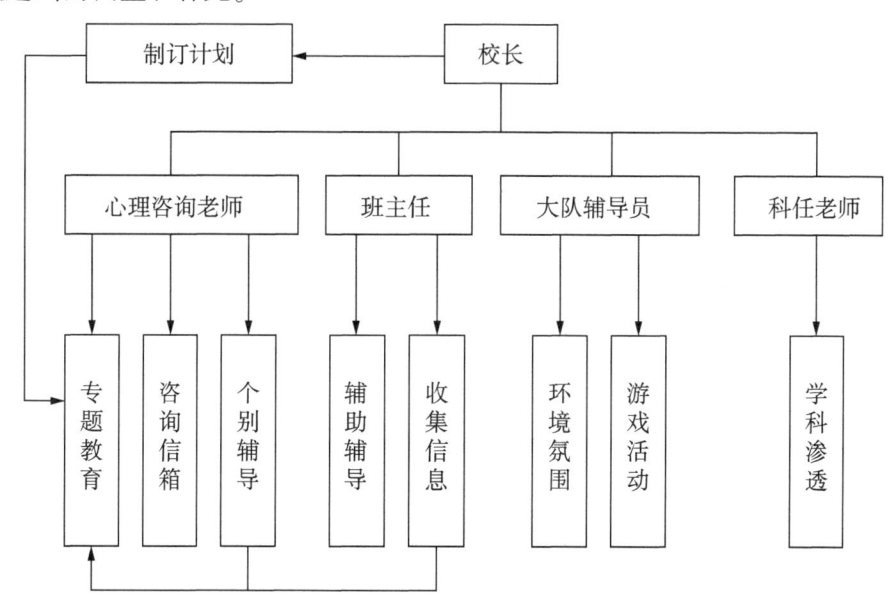

```
                    制订计划 ◄────── 校长
                                      │
                ┌──────────┬──────────┼──────────┐
            心理咨询老师    班主任   大队辅导员   科任老师
            ┌───┬───┬───┐  ┌───┬───┐  ┌───┬───┐    │
           专题 咨询 个别 辅助 收集 环境 游戏    学科
           教育 信箱 辅导 辅导 信息 氛围 活动    渗透
```

图1　学校心理健康教育小组分工网络图

心理咨询老师能根据校长制订的教育计划,充分利用学校的有线广播、橱窗、板报进行有关心理健康方面的专题教育。同时做好咨询信件的答复回访工作,做好个别咨询的接待工作,让咨询室真正成为心理障碍学生解脱痛苦、恢复自信的转折点。咨询老师注意收集在个别辅导中出现的共性问题,还要通过"心理测评系统"对学生的心理发展与心理健康状况进行科学测评。将问题和结果写成书面材料及时向校长汇报,作为后阶段开展工作的依据。

班主任老师是兼职辅导老师中的一个重要组成部分。班主任老师在与学生的接触中比较容易获取学生伤心、失望、受挫等有关信息,在第一时间对学生进行教育。彼此的信任,往往使教育事半功倍。班主任老师还要发挥班集体的优势,努力调动学生自身的教育潜能,开展互助、自助等教育形式。通过同学之间积极的人际互动,凭借同伴间共同的兴趣爱好,使彼此之间产生共鸣,促进理解、沟通,形成共识,这是互助。在接受同学帮助的过程中,也接受了同学的思想和行为,促进了自我完善、自我成熟,从而达到了自助。班主任老师在教育学生的同时将收集的信息迅速反馈给心理咨询老师。

大队辅导员通过优化校园环境,营造适合学生心理健康发展的育人氛围。

让学生一走进校园,精神为之振奋,脸上挂起微笑。在优美、健康环境的熏陶和影响下,心灵得到了净化。同时通过组织游戏活动帮助学生减轻紧张,清除疲劳。结合游戏竞赛活动实施心理辅导,就是辅导学生以良好的心态参与游戏,用正确的态度遵守规则。这是最好的休闲心理辅导,其中也蕴含了为人处世的品德陶冶,会对学生良好人格的形成起到一定的作用。

学科渗透是让更多的老师参与心理辅导。通过营造课堂气氛、激发学习动力、进行学习策略训练、培养学习习惯,以及结合课程渗透和心理辅导等措施,把学生自身作为一种教育资源,开发学生的学习潜能,帮助学生提高课堂学习活动中的认知、情意素养和行为水平。

总之,学校心理健康教育不能单靠心理咨询老师一个人开展工作,它必须是一种全员性的工作,需要全体教职工的共同努力。教师的职责是教书育人,育人的根本是育心。所以,每个教师都应该是心理辅导工作者。而心理指导、咨询、教育工作一旦与学校教育的结合,可以更好地从积极的角度做好学生的心理工作,通过各种有效的教育途径,及时地、有针对性地对学生的消极行为进行疏导和帮助。这样做可以避免和预防一部分学生产生心理障碍。

因此,学校要充分挖掘教育资源,建立一套全员参与的心理健康教育网络,让每一位教师都参与到心理教育工作中来,在教育、教学过程中帮助学生解决在学习、生活中出现的心理问题,增强自我教育意识,改善他们的适应能力,以逐步提高学生包括身心两方面的健康水平,从而提高学生的整体素质,为培养未来合格的建设者做出应有的努力。

青少年常见的心理健康问题及教育对策

青少年是社会中一个特殊的群体,他们正处于身体和心理发展的转变阶段。这个阶段的身体和心理变化对青少年的心理健康有着重大的影响。青少年时期尤为关键,因为这个时期的经历可能会对青少年的未来产生深远的影响。

在青少年时期,身体和心理都会经历很多变化。这些变化可能会导致一系列的心理健康问题,例如焦虑、抑郁、自卑、压力、沮丧等。这些问题可能会影响青少年的学习、社交和家庭生活,甚至会对他们的未来产生负面影响。本文旨在探讨青少年学生常见的心理健康问题及教育对策。

一、青少年学生常见的心理健康问题

(一) 学习压力

随着社会的发展,学习压力正逐渐成为青少年成长过程中的一个大问题。学生在学习的过程中可能会遇到各种困难,如掌握不同的知识点、应对不同的考试,这些都会给他们带来压力。此外,学生的家庭和社会环境也会对他们的学习产生影响,例如,家庭经济困难、家庭内部的矛盾、社会上的竞争等。同时,青少年自身的心理状态不稳定,也会加剧他们的学习压力。

学习压力对青少年来说是一种负面情绪体验。学生可能会经历焦虑、抑郁、失望等不良情绪,这些情绪会对他们的学习和生活产生负面影响。他们可能会失去学习动力,陷入学习困境,导致成绩下降。

为了减轻青少年的学习压力,我们可以采取一些措施。首先,学校可以在教学中注重培养学生的兴趣和创造力,让学生能够更加主动地参与学习。其次,家庭可以加强与孩子的交流和关注,及时发现孩子的困难和问题,并给予帮助和支持。此外,社会上也可以加大对青少年的心理健康教育和支持力度,帮助他们更好地应对学习压力。这些措施对于减轻学生的学习压力和促进他们的身心健康都卓有成效。

(二) 情感问题

青少年在成长的过程中容易面临各种情感问题。他们可能会经历自尊心受挫、孤独、恐惧以及过度依赖等情感问题。这些问题可能会对青少年的健康成长产生负面影响。

自尊心受挫是青少年常见的情感问题之一。这种情况通常出现在青少年遭遇挫折或失败时，如果他们无法克服这些困难，就会出现自我否定、失落、沮丧等情绪，进而影响他们的学习和生活。

孤独也是青少年面临的另一个情感问题。孤独可能是由于青少年的社交能力不足，或者是受原生家庭影响，没有得到足够的关注和关爱。孤独会导致青少年失去社交能力，影响他们的心理健康和成长。

恐惧也是青少年常见的情感问题之一。青少年可能会对未知的事物产生恐惧感，这些恐惧源于对未来的不确定性、担心考试失败，或者是在社交场合的不安。在这些情况下，他们可能会出现紧张、焦虑、恐惧等情绪，进而影响到他们的学习和生活。

过度依赖也是青少年面临的另一个情感问题。青少年可能会对某些人产生情感依赖，这种依赖通常源于那些给予他们信任和支持的人的特殊情感。然而，过度的情感依赖可能会阻碍他们的独立性和自主性，进而影响他们的成长和发展。

(三) 行为问题

行为问题包括逃学、打架斗殴、早恋、吸烟、喝酒等。这些问题可能会导致青少年陷入不良的社交环境，影响其正常成长和发展。例如，逃学可能导致学业成绩下滑，打架斗殴可能会引发警方的介入和干预，早恋可能会给青少年带来生理和心理上的不良影响，而吸烟、喝酒则是直接危害到青少年的身体健康。因此，对于这类问题，家长和社会应该加强对青少年的教育和引导，让他们逐渐形成良好的行为习惯和价值观念。

(四) 心理问题

心理问题包括焦虑、抑郁、强迫症、心理障碍等。这些问题可能会影响青少年的行为、情感和学习等方面，进而对其未来发展产生负面影响。例如，焦虑和抑郁可能导致青少年情绪低落,影响他们的学习和生活质量,强迫症和心理障碍则容易使青少年产生自闭和孤独的感觉。因此,对于心理问题,我们应该加强对青少年的关爱和帮助,让他们得到及时的心理支持和治疗,从而更好地度过青春期。

(五)健康问题

健康问题包括肥胖、营养不良、运动不足、睡眠不足等。这些健康问题可能会影响青少年的身体健康状况,影响其正常的成长和发展。例如,肥胖可能导致青少年的心血管系统受损,营养不良可能导致青少年的生长发育受阻,运动不足和睡眠不足则可能导致青少年的身体机能下降。因此,我们应该鼓励青少年积极参与体育活动,注意饮食健康,确保充足的睡眠时间,从此保持良好的身体状况。

二、青少年学生心理健康教育的意义

(一)促进身体健康

青少年身体健康水平的提高,不仅可以预防疾病,还可以提高生活质量。青少年学生心理健康教育可以帮助他们了解如何保持身体健康。比如,养成合理的饮食习惯,避免暴饮暴食和食用垃圾食品。适量的运动也是非常重要的,可以帮助他们增强体质和免疫力。此外,保证充足的睡眠也是非常必要的,可以让青少年更加精力充沛。

(二)促进情感健康

青少年学生心理健康教育可以帮助青少年了解如何处理情感问题。比如,如何增强自尊心,如何建立健康的人际关系。这可以帮助他们更好地应对人际关系问题,避免情感困扰。此外,青少年也需要学会如何有效地自我调节,使自己保持更加愉快和积极的心态。

(三)促进学习健康

青少年学生心理健康教育可以帮助他们了解如何处理学习压力。学习压力是很普遍的,但是如果处理不当,会为学生的身心健康带来很大的负担。因此,青少年需要学会如何制订合理的学习计划,加强自我管理。这可以帮助他们更好地应对学习问题,提高学习成绩。

(四) 促进心理健康

青少年学生心理健康教育可以帮助他们了解如何处理心理问题,比如如何应对焦虑、抑郁等问题。青少年需要学会如何进行自我心理调节,让自己更加健康和积极。

三、青少年学生心理健康教育的对策

(一) 推进心理健康教育

心理健康教育应该贯穿于学生的整个学习过程中。学校可以通过多种形式的课程设置,将心理健康教育融入各个科目中,形成全员、全方位的心理健康教育体系。同时,学校还可以通过开展心理健康主题班会、心理健康讲座、心理健康知识竞赛等形式,提高学生对心理健康问题的认知水平。

(二) 加强心理健康服务

建立心理健康服务机构是保障学生心理健康的基础。学校可以成立心理咨询室、心理治疗室等专业机构,聘请专业心理医生和心理咨询师,为学生提供心理健康服务。同时,学校还可以通过与社会心理咨询机构合作,为学生提供更加全面、优质的心理健康服务。

(三) 加强家庭教育

家庭教育是学生心理健康的重要组成部分。家长应该学会发现孩子的心理问题,并及时引导孩子寻求专业帮助。同时,家长还应该注重家庭和谐氛围的营造,帮助孩子构建积极向上的人生观和价值观,以此提升孩子的心理健康水平。

(四) 开展心理健康活动

学校可以通过多种形式的心理健康活动,提高学生的心理健康水平。例如,开展心理健康节、心理健康周等活动,组织学生参与心理健康问卷调查、心理测试等活动,让学生在轻松愉悦的氛围中了解自己的心理健康状况,掌握自我调节的方法,提高自我保护的能力。

四、结论

本文的研究表明,青少年学生心理健康问题已成为一个全球性的关注焦点。随着社会经济的发展和教育竞争的加剧,学生面临的学习压力越来越大,情感、行为、心理和健康等问题也随之而来。这些问题不仅影响学生的学习和生活质量,还可能对他们未来的发展产生长期的影响。

在此背景下,青少年学生心理健康教育显得尤为重要。本文分析了心理健康教育的意义和对策,指出要采取多种形式的教育手段,包括课堂教育、心理咨询、家长教育等,以提升学生的心理健康水平。同时,学校、家庭和社会各界应该互相合作,构建多层次、多角度的心理健康教育体系,共同关注学生的心理健康问题。

综上所述,本文的研究对于推进青少年学生心理健康教育具有重要的意义。通过加强心理健康教育,可以有效地缓解学生的心理压力,降低学生心理问题的发生率,促进学生身心健康地发展,为学生的未来发展打下坚实的基础。因此,学校、家庭和社会各界应该共同努力,积极推进青少年学生心理健康教育的实施,为青少年的成长和发展提供更好的保障。

校园文化建设中如何渗透心理健康教育的问题

随着社会的快速发展,人们的生活和工作压力越来越大,心理健康问题也日益突出。学校,作为一个特殊的社会环境,学生们往往面临着各种各样的心理压力和挑战。校园文化建设是提高学生素质和促进学校可持续发展的重要环节,心理健康教育则是校园文化建设的重要组成部分。然而,目前在一些学校中,心理健康教育尚未得到足够的重视和关注,面临着一些问题和严峻的挑战。因此,本文将重点探讨心理健康教育在校园文化建设中的作用,以及在实践中如何有效地将心理健康教育融入校园文化中。

一、心理健康教育在校园文化建设中的作用

(一)心理健康教育的概念

心理健康教育是指通过各种途径向学生传授心理健康知识和技能,使他们掌握自我调节和应对压力的方法,提高其心理素质和幸福感的教育活动。它旨在帮助学生掌握自我调节和应对压力的能力,提高他们的心理素质和幸福感,预防和治疗学生的心理问题。通过科学的教育方法和教育手段,比如课堂教育、心理咨询、心理测试等,心理健康教育向学生传授心理健康知识和技能,帮助他们了解自己的情感、行为和思维模式,以及如何应对日常生活中的各种压力和挑战。同时,教师根据学生的个性化需求,因材施教,帮助学生找到适合自己的心理健康方法和策略。

心理健康教育不仅仅是关注个体的心理状态,它也关注个体的社会生活和文化环境。在现代社会中,随着人们生活节奏的加快、竞争压力的增加,越来越多的人面临着心理问题的困扰。而心理健康教育的目的就是要帮助学生适应这样的环境,培养积极的人生态度,提高他们的心理素质和适应能力。

(二)心理健康教育在校园文化建设中的作用

心理健康教育在校园文化建设中具有重要的作用,它可以帮助学校建立积

极、健康、充满活力的校园文化,同时也可以帮助学生提高自我认识和自我调节能力,增强学生的适应能力和生命力。具体来讲,心理健康教育在校园文化建设中的作用主要体现在以下几个方面:

1. 促进学生身心健康

在现代社会,学生的身心健康问题越来越普遍,这对学校的发展构成了很大的挑战。因此,我们需要心理健康教育帮助学生认清自己的身心健康问题,提高自我保健意识和能力,预防和治疗各种身心健康问题,为学生的全面发展提供保障。这样一来,不仅学生身心健康的问题可以得到有效的解决,也为学校的发展和建设提供了坚实的基础。

2. 促进学校和谐稳定的发展

随着社会的不断进步和发展,学生在生活中面临着越来越多的压力,这可能会导致学生产生压力和焦虑情绪,从而影响学校内部的关系。对此,心理健康教育可以帮助学生掌握有效的应对策略,增强自我调节和应对压力的能力,减轻学生的心理压力和焦虑情绪,提高学生的心理健康水平。这样一来,学校内部的关系会更加和谐稳定,学生的学习和生活质量也会进一步提高。

3. 促进学生全面发展

在心理健康教育中,学生们可以学到很多有益的知识和技能,如情绪管理、人际沟通、自我控制等方面。这些技能不仅有助于学生解决心理问题,更是学生多方面发展的基石。在这个过程中,学生们可以不断提升自己的素质和能力,进一步完善自己的人格。这不仅有益于学生的个人成长,也对他们未来的全面发展有积极的影响。

二、校园文化建设中心理健康教育的实践探索

(一) 心理健康教育在师生中的普及

心理健康教育的普及是校园文化建设中非常重要的一环。为了实现心理健康教育的普及,学校可以采取多种途径,如开展心理健康教育讲座、组织心理健康教育活动、建立心理咨询中心等。

首先,学校可以邀请心理学专家或心理医生开展心理健康教育讲座。这些专家可以向师生讲解有关心理健康方面的知识,例如如何缓解压力、如何调节

情绪等。通过这种形式的教育，学生可以深入了解心理健康的重要性，并学会如何保持心理健康。

其次，学校可以组织各种形式的心理健康教育活动。例如心理健康展览、心理健康文化节等。这些活动不仅可以提高学生心理健康方面的认知，也可以增强他们的交际能力和综合素质。通过这些活动，学生可以更加全面地了解心理健康知识，同时也可以积极参与其中，提高自己的能力和素质。

最后，建立心理咨询中心也是非常必要的。学生在面临心理问题时可以向心理咨询师进行咨询，得到专业的意见和建议。这样能够更好地帮助学生解决心理问题，提高学生的心理健康水平。同时，心理咨询中心还可以为学生提供心理健康方面的咨询服务，帮助他们更好地应对各种心理困境。

(二) 心理健康教育的多元化形式

为了达到更好的效果，心理健康教育需要多元化的形式。只有具备多种形式的心理健康教育，才能够更好地满足学生的需求，提高学生的参与度和教育效果。校园文化中心理健康教育的多元化形式主要有以下几种：

1. 课堂教育

课堂教育是最为常见的一种形式。学校可以将心理健康教育融入各个课程中，使学生在学习知识的同时也能够了解心理健康。例如，在语文课上可以讲授如何表达情感，在物理课上可以讲授如何应对压力等。这样一来，心理健康教育就能够贯穿于整个学习过程中，让学生更好地理解和掌握知识。

2. 心理问卷调查

心理问卷调查是一种非常实用的方式。通过对学生进行心理问卷调查，学校可以了解学生的心理健康状况和需求。有了调查结果，学校可以有针对性地开展心理健康教育，更好地满足学生的需求。例如，如果调查结果显示学生普遍存在焦虑情绪，学校就可以组织相关的心理课程来帮助学生缓解压力和焦虑，提高心理健康水平。

3. 心理健康讲座

一种非常实用的形式是心理健康讲座。这种方式可以让学生了解心理健康问题，并提供解决问题的方法。同时，心理健康讲座还可以提高学生对心理健康问题的认知度，增强学生的心理健康意识。通过心理健康讲座，学生可以更好地了解和认识自己的心理状态,掌握解决问题的方法,预防和缓解心理问题。

4. 心理咨询

心理咨询也是一种比较有针对性的方式,可以帮助学生解决具体的心理问题。学校可以建立心理咨询中心,为学生提供专业的心理咨询服务。在心理咨询中,学生可以得到更具体、更个性化的帮助。心理咨询师可以根据学生的具体情况和需要,制订个性化的心理干预计划,并提供相关的指导和建议。这样,学生可以更有效地解决自己的心理问题,提高心理健康水平。

三、心理健康教育的有效性评估

为了了解学生对心理健康教育的接受程度和效果,学校需要对心理健康教育进行有效性评估。有效性评估主要包括以下几个方面:

(一) 量化评估

学校可以通过问卷调查等方式,对学生心理健康知识的掌握程度、心理健康状况等方面进行量化评估,以了解学生对心理健康教育的接受程度和效果。这种评估方法是客观的,可以收集大量的数据,从而更好地了解学生的情况。

(二) 质性评估

学校可以通过听取学生的反馈意见、观察学生的表现等方式进行质性评估,以了解学生对心理健康教育的理解程度、学习效果等方面的情况。这种评估方法可以帮助学校更好地了解学生对心理健康教育的态度和看法,从而更好地调整和优化教育内容和方式。

(三) 定期复评

在心理健康教育实施一段时间后,对学生进行定期复评,以了解学生的心理健康状况是否有改善。这种评估方法可以帮助学校更好地掌握学生的心理健康状况,及时调整和优化教育内容,以确保学生能够受益于心理健康教育。

四、结论

心理健康教育是校园文化建设中非常重要的一环,它不仅有助于学校塑造积极向上的校园文化氛围,充满青春和活动的气息,更能帮助学生深化自我认知,提升自我调控的技巧,从而在面对学习和生活中的挑战时,展现出更强的适应能力和旺盛的生命力。为了实现心理健康教育的普及,学校可以采取多种途径,如开展心理健康教育讲座、组织心理健康教育活动、建立心理咨询中心等。同时,心理健康教育需要多元化的形式,以满足学生的需求。对于心理健康教育的有效性评估也是非常必要的,可以帮助学校了解学生对心理健康教育的接受程度和效果,为进一步的工作提供参考。

中小学生学习适应性问题的研究

学习适应性是指个体在学习过程中对学习任务的适应能力,包括心理适应和行为适应。学习适应性对于中小学生的学习成绩、心理健康和发展具有重要影响。

一、学习适应性的概念

学习适应性是学习过程中个体适应能力的重要方面,包括心理适应和行为适应两个方面。在学习的过程中,个体需要不断适应不同的学习任务和学习环境,以达到良好的学习效果。

心理适应主要包括情感、认知和动机适应三个方面。情感适应指个体对于学习任务产生的情绪反应和情感体验的适应能力,包括积极情绪和消极情绪的调节能力。认知适应是指个体对于学习任务的理解和认知水平的适应能力,包括对于学习任务内容的理解和对于学习方法的掌握。动机适应是指个体对于学习任务的兴趣和动机的适应能力,包括对学习目标的认知和对自我驱动力的发挥。

行为适应主要表现为个体对于学习行为的调节和掌握能力。行为适应包括个体对于学习任务的分析和规划能力,个体对于学习时间和学习方法的调节能力,以及个体对于学习困难的克服能力。

学习适应性是学习能力和学习效果的重要基础。一个具备良好学习适应性的个体,能够更好地适应学习任务和学习环境,提高学习效果,促进个人发展。因此,学习适应性对于中小学生的学习成绩、心理健康和发展具有重要影响。

二、中小学生学习适应性的现状

(一)学习适应性整体偏低

目前,我国中小学生的学习适应性整体偏低。数据显示,我国中小学生的学习适应性指数在 100 分以下的比例为近六成,其中心理适应指数低于 60 分的比例更是高达六成以上。这说明中小学生在学习过程中面临的心理问题较为严重,需要加强心理健康教育和帮助。对此,学校和家庭应该共同努力,加强心理健康教育,帮助学生建立正确的自我认知和情绪调控能力,提高学生的学习适应性。

(二) 学习适应性存在地域差异

城市学生的学习适应性普遍较高,而农村学生的学习适应性相对较低。这与城乡差异、家庭教育和社会环境等有关。城市学生的家庭教育和社会环境相对优越,学生的学习资源更加丰富,这有助于提高学生的学习适应性。而农村学生由于受到的教育资源和环境的限制,学习适应性相对较低。因此,应该加强对农村学生的教育和帮助,提高他们的学习适应性。

(三) 学习适应性存在性别差异

女生的学习适应性普遍较高,而男生的学习适应性相对较低。这与女生认真细致、做事稳重,而男生较为冲动、好胜、好斗的性格特点有关。因此,在学习过程中,女生更加注重细节和思考,能够更好地适应新的学习环境和任务,男生则需要加强自我控制和思考能力,提高自己的学习适应性。

三、影响中小学生学习适应性的因素

(一) 家庭因素

家庭教育的质量和方式对学生的学习适应性产生重要的影响。家庭对孩子的态度和期望、家庭氛围和家庭规矩等都会对孩子的学习适应性产生影响。良好的家庭环境可以培养孩子的积极性和自信心,使他们拥有更好的学习心态和行为表现。相反,不良的家庭环境通常会影响孩子的学习适应性,导致他们产生消极的情绪,学习成绩下降。

(二) 学校因素

学校的教育环境、教学质量和管理水平等都会对学生的学习适应性产生影响。良好的学校环境可以提供更好的学习资源和条件,激发学生的学习兴趣和动力,从而促进学生的学习适应性。相反,不良的学校环境可能会影响学生的学习积极性,导致他们出现学习焦虑和逃避行为。

(三) 个体因素

个体因素包括个体的性格、认知水平、动机和学习能力等。性格外向、乐观的学生学习适应性较好,而情感不稳定、消极的学生学习适应性较差。认知水平高的学生具有更好的学习适应性,他们能够更好地理解和掌握学习内容。动机对学习适应性也有着重要的影响。具有高度学习动机的学生更容易克服困难,保持学习兴趣和积极心态。学习能力也是影响学生学习适应性的重要因素。学习能力强的学生能够更好地适应学习的节奏和难度,从而在学习上表现更出色。

四、提高中小学生学习适应性的策略

(一) 加强心理健康教育

在现代社会,学生面临着日益增大的学习压力和挑战。因此,我们需要为他们提供心理健康方面的帮助,帮助他们提高情感适应能力,增强自信心和自我调节能力,以缓解学习压力和负面情绪,促进心理健康发展。这样可以让学生更好地适应学习和生活,提高学习效率。

(二) 优化家庭教育环境

家庭是孩子成长的重要场所,良好的家庭氛围和适当的家庭规矩可以为孩子提供良好的成长环境。加强家庭对孩子的关注和指导,可以提高孩子的学习动机和兴趣,促进学习适应性的形成和发展。

(三) 加强学校教育改革

学校是学生学习的主要场所,优化教育环境和教学质量可以提高学生的学习成就感和自我效能感,从而促进学习适应性的提高。引导学生积极参与课堂活动和校园文化建设,可以让学生更好地融入学校环境,提高学习积极性和学习效果。

(四) 提高个体认知水平和学习能力

通过加强学生学习方法和技能的培养,以及提高学生学习动机和自主学习能力,可以促进学生学习适应性的提高和发展,还能推动学生实现自我发展和成长。

学习适应性对于中小学生的学习成绩、心理健康和发展具有重要影响。因此,加强心理健康教育、优化家庭教育环境、加强学校教育改革、提高个体认知水平和学习能力等,都是提高中小学生学习适应性的重要策略。这表明,学生在学习适应性方面的发展是一个综合性的过程,需要家庭、学校和个体共同努力。只有这样,才能更好地帮助学生提高学习能力和学习效果,进而全面、健康地发展。

中小学心理健康教育与未成年人思想道德建设

随着社会的快速发展和科技的日新月异,未成年人面临着越来越多的心理健康问题和道德困境。在这个信息爆炸、利益至上的时代,未成年人在面对诸如网络游戏、网络欺凌、校园暴力等问题时,往往缺乏有效的应对手段和心理素质。同时,未成年人的道德观念也面临着挑战,有些人会因为利益的驱动而违法犯罪,或者陷入道德沦丧的泥潭。因此,中小学心理健康教育和思想道德建设显得尤为必要,其目的是帮助未成年人树立正确的心理观念和道德观念,提高心理素质和道德水平,以促进未成年人的全面发展和健康成长。本文将探讨中小学心理健康教育与思想道德建设的必要性和重要性,分析当前中小学心理健康教育和思想道德建设存在的问题和挑战,并提出相应的解决措施和建议。

一、未成年人心理健康问题和道德困境的现状

当今社会,未成年人面临的心理健康问题和道德困境日益严重。在现代社会中,未成年人受到诸多因素的影响,比如网络游戏、网络欺凌、家庭变故、学业压力等,这些问题不仅对未成年人的身心健康造成了严重的影响,还会对社会的发展产生不良的影响。

首先,就未成年人的心理健康问题而言,当前的情况越发不可忽视。据相关调查数据显示,目前我国约有 60% 的未成年人存在心理健康问题,其中不少人甚至患有抑郁症、焦虑症等疾病。此外,未成年人的心理健康问题也呈现出多元化的趋势,比如过度追求身体形象、社交恐惧、成绩焦虑等,这些问题的出现给未成年人的成长带来了阻碍,也对未来的发展构成了威胁。

其次,未成年人的道德困境也是值得关注的问题。在这个信息泛滥且功利主义盛行的时代,顺应潮流、追求功利、不择手段等不良行为已经成为一些未成年人的常态,他们的道德观念逐渐淡化,甚至出现了偷盗、欺骗等违法犯罪行为。这些问题不仅影响了未成年人的成长,也对整个社会的发展产生了不良的

影响。

因此,针对未成年人心理健康问题和道德困境的日益严峻的现状,我们应该采取有针对性的措施,比如加强家庭教育、加强心理健康教育、加强社会监管等,来保护未成年人的身心健康,促进他们全面健康地发展,同时也推动社会的进步。

二、中小学心理健康教育与思想道德建设的必要性和重要性

中小学心理健康教育和思想道德建设是保障未成年人健康成长的双重保障,具有不可替代的重要性和必要性。在当今社会,未成年人的心理健康和道德观念面临着诸多挑战和问题。随着社会的发展和竞争的加剧,学生面临着学业压力、家庭关系矛盾、性别歧视等多方面的心理压力,这些问题严重影响了他们的身心健康。同时,在信息化时代的影响下,未成年人面临大量的网络信息、游戏成瘾等问题,这些问题对未成年人的心理健康产生了严重的影响。

因此,中小学心理健康教育的必要性不言而喻。中小学阶段是未成年人的重要成长期,是他们形成心理和行为模式的关键时期。通过心理健康教育,可以让学生了解自己,接纳自己,发现自己的优点和缺点,培养积极向上的心态和自信心,有效改善和预防未成年人的心理问题。此外,心理健康教育还可以提高学生的心理素质和心理承受力,增强他们面对挫折和压力的能力,为未来的成长打下坚实的心理基础。

同时,思想道德建设也是保障未成年人健康成长的重要环节。在当今社会,道德沦丧、道德观念淡漠的现象令人担忧。而中小学阶段恰恰是未成年人形成道德观念和行为准则的关键时期。通过思想道德建设,可以教育学生树立正确的道德观念和行为准则,增强他们的自我约束和责任意识,提高他们的道德水平和社会责任感。只有这样,未成年人才能在社会生活中做出正确的选择,树立正确的人生观和价值观。

综上所述,中小学心理健康教育和思想道德建设是未成年人健康成长的重要保障。只有通过这些教育方式,我们才能为未成年人营造一个健康、积极、阳光的成长环境,帮助他们成为有道德、有理想、有担当的新时代优秀青年。

三、当前中小学心理健康教育和思想道德建设存在的问题和挑战

尽管中小学心理健康教育和思想道德建设的重要性越来越被人们所认识，但目前仍然存在着一些问题和挑战。具体来说，主要表现在以下几个方面：

(一) 教育资源不足

这在一定程度上制约了学生在心理健康和思想道德方面的全面发展。目前，很多学校缺乏专职心理辅导教师和思想道德课程教师，这导致学生在面临心理问题和道德困境时无法得到及时的帮助和指导。

(二) 教育模式单一

当前，中小学的心理健康教育和思想道德建设往往采用传统的教育模式，缺乏创新和多元化的教育手段和方式，难以激发学生的学习兴趣和积极性，同时也制约了学生的个性发展和能力提升。

(三) 教育内容滞后

随着社会的快速发展和变化，新的心理健康问题和道德困境不断涌现，但是中小学的心理健康教育和思想道德建设往往滞后于时代，无法及时地反映和解决学生所面临的新问题和挑战，这导致学生的认知和思维方式难以适应时代的变化。

(四) 教育评估不够全面

中小学的心理健康教育和思想道德建设存在着评估不够全面的问题，不仅评估手段单一，而且评估结果往往存在偏差，这使得教育的效果难以得到科学评估和证实。

四、解决措施和建议

针对中小学心理健康教育和思想道德建设存在的问题和挑战，本文提出了以下几点解决措施和建议：

(一) 增加教育资源

学校应该加大对中小学心理健康教育和思想道德建设的教育资源投入。这不仅包括对校园心理辅导教师和思想道德课程教师的培养和招聘力度，还包

括加大对校园心理健康教育和思想道德建设的教育资源投入。在这个过程中，应该注重根据学生的个性化需求和不同阶段的需求进行差异化教育。

（二）创新教育模式

中小学的心理健康教育和思想道德建设应该采取多元化的教育手段和方式，通过多种途径和形式来传达知识和思想。例如，可以采用生动形象的图片、视频、互动游戏等方式，使学生更加直观地理解和接受心理健康和道德教育。

（三）更新教育内容

中小学的心理健康教育和思想道德建设的教育内容需要随时根据未成年人面临的新问题和新困境进行更新。教育目标和教育手段也应该随之调整，以适应新的社会环境和未成年人的需求。

（四）加强评估机制

建立全面的中小学心理健康教育和思想道德建设的评估机制，不仅要采用多种评估手段，还要充分调查未成年人的真实心理健康状况和道德水平。这样可以及时发现和解决潜在的问题，为未成年人的健康成长提供有力的保障。

五、结论

本文主要讨论了中小学心理健康教育和思想道德建设的必要性和重要性，并提出了相应的解决措施和建议。在当前未成年人普遍存在心理健康问题和道德困境的情况下，中小学心理健康教育和思想道德建设的作用愈发重要。但是当前中小学心理健康教育和思想道德建设存在的问题和挑战也不容忽视，如教育资源不足、教育内容缺乏实效性、教育方式单一等。因此，需要全社会的共同努力来推进中小学心理健康教育和思想道德建设的不断发展和完善。建议加强师资队伍建设，通过多元化的教育方式和内容，切实提高教育质量；加强家庭和社会的协同配合，共同承担起未成年人的健康成长责任。总之，中小学心理健康教育和思想道德建设是促进未成年人全面发展和健康成长的重要途径，需要全社会的共同关注和有力支持。

中小学心理健康教育中的学校合作问题

当今社会,人们越来越重视教育对学生全面发展的重要性。除了学习知识,学生还需要具备优秀的心理素质和道德品质。在中小学阶段,学校是学生第二个家,在心理健康教育中扮演着至关重要的角色。然而,目前中小学心理健康教育面临的一个难题是学校之间缺乏有效的合作机制,这导致教育工作的效果不佳。

为了解决这个问题,本文旨在探讨中小学心理健康教育中学校合作的重要性,并提出解决问题的对策建议。首先,我们需要认识到学校合作对于提高中小学生心理健康水平的重要性。学校之间可以互相学习借鉴,在心理健康教育方面共同进步。其次,可以通过建立合作互助的平台来促进学校之间的交流。可以在学校之间建立课程交流、师资培训、教育资源共享等平台,以促进学校之间的深入合作。

在未来,中小学心理健康教育中学校合作的发展方向将越来越多元化。学校可以进一步推进合作机制,与社区、家庭、政府等多个方面合作,以共同推动学生心理健康教育的全面发展。同时,学校也可以借助互联网技术,建立在线合作平台,让学校之间的交流更加便捷和高效。

一、学校合作的理论基础

(一)学校合作的概念

在当今社会,学校合作已经成为教育事业发展的重要方向之一。学校合作是指不同学校之间互相协作,共同提高教学质量和学生素质的过程。这种合作不仅仅是单纯的学校之间建立联系,更是一种集体行动,它要求学校之间建立互信、互助、互赢的合作关系,以培养学生的合作精神,从而为整个社会的发展奠定坚实的基础。

(二)学校合作的意义

学校合作的意义不仅仅在于促进教育事业的发展,更在于提高教育质量。

通过学校之间的合作,可以让教育资源得到充分利用,提高教学效率,使学生们得到更好的教育和培养。同时,学校合作可以促进教师之间的交流与合作,增强教师的专业素养,提高教学水平,为学生们在校内外的成长提供更加全面的帮助。

学校合作还可以帮助学生们获得更多的机会,提高他们的综合素质。通过与其他学校的学生交流合作,可以拓宽自己的视野,提升自己的能力,为今后的发展打下更加坚实的基础。此外,学校合作还可以促进学生的全面发展,帮助他们在校内外更好地展现自己的综合素质,进而使他们在未来的工作和生活中更容易取得成功。

(三) 学校合作的困境

目前,中小学心理健康教育中学校合作的困境主要表现在以下几个方面:

1. 缺乏有效的合作机制

由于学校之间缺乏交流和合作的渠道,因此很难建立有效的合作机制。许多学校之间的合作形同虚设,仅仅是表面上的口头承诺,缺乏落实的行动。

2. 合作关系脆弱

学校之间缺乏互信、互助和互赢的合作关系,导致合作关系脆弱难以持续。一旦遇到困难或是涉及利益分配问题,合作往往很容易破裂,无法持续下去。

3. 资源分配不均

有些学校缺乏必要的资源和条件,导致学校合作存在差异性。一些学校可能拥有更多的资源和先进的技术手段,而另一些学校则可能处于劣势地位,难以与之平等合作。这种资源分配不均的现象也会对学校合作产生负面影响。

(四) 学校合作的发展趋势

随着社会的发展,学校合作将成为中小学心理健康教育工作中的重要手段。未来,学校合作将呈现以下几个发展趋势:

1. 合作方式多样化

这一点可以进一步强调,特别是在资源共享和协同合作方面。在资源共享方面,学校可以共享教学资源、师资力量等,从而提高教学质量和效率。在协同合作方面,学校可以联合开展课程设计、教学研究等活动,共同推进教育创新和发展。

2. 合作范围扩大化

除了教育教学领域,学校之间的合作还可以扩大到更广泛的社会领域,如科研合作、社会服务等。通过跨学科、跨领域的合作,学校可以更好地服务社会,促进问题的解决。

3. 合作水平提高化

强调学校合作的目的是共同提高教育质量和学生素质,这需要各方在思想理念、教育理念、教学方法等方面进行交流和共享。学校之间应该建立起密切的联系和合作机制,共同探索适合本地区、本国家的教育发展模式和途径。

二、学校合作的对策建议

为解决中小学心理健康教育中的学校合作问题,本文提出以下对策建议:

(一) 建立联合体

学校联合体是一种创新的合作机制,可以将多所学校的资源和力量集中起来,共同推进心理健康教育的发展。联合体可以由市级或区级教育行政部门牵头,也可以由学校自发组织。在建立联合体的过程中,需要考虑各方的意愿和利益,制订合理的工作计划和任务分配,确保各项工作有序地推进。

学校联合体的优势在于可以共享资源,充分发挥每所学校的特长和优势,提高教育教学水平。联合体可以集中整合心理健康教育资源,如心理咨询师、心理测试工具、教材资料等,从而提高心理健康教育的质量和效果。此外,联合体还可以开展各种教育教学活动,如心理健康讲座、心理健康周等,进一步推动心理健康教育的普及和发展。

(二) 制定合作协议

学校之间的合作必须建立在明确的协议基础之上。制定合作协议是确保学校联合体顺利运作的关键步骤。协议应包括合作的目标、任务、责任和利益分配等内容。协议的签署应经过各方从事教育教学工作的人员协商,确保合作协议的公正、合理、可行。

合作协议可以帮助各学校明确各自的职责和任务,避免在合作过程中出现不必要的摩擦和误解。同时,合作协议可以规范合作关系,防止因为某一方放弃或者退出合作而导致整个合作关系崩溃。在合作协议中,各方应该注重合作精神,互相协调,共同推进心理健康教育的发展。

(三) 加强师资培养

教师是学校心理健康教育的重要主体。学校联合体应该加强对教师的培养和提升,提高教师的专业素养和教育教学水平。加强教师的培训和学习,可以提高教师的心理健康意识和专业技能,从而更好地开展心理健康教育工作。

学校联合体应该共同开展教育教学研究,促进教师之间的交流与合作。通过开展教研活动,促进教师之间的互相学习和交流,提高教师的教育教学质量。同时,教师还可以通过教研活动分享心得体会,互相启发,共同推进心理健康教育的创新和发展。

三、国外学校合作的成功案例和国内学校合作存在的问题

(一) 国外学校合作的成功案例

国外学校合作机制的成功案例众多,其中最为著名的就是美国学校联合体、日本学校合作联盟和韩国学校合作联盟。通过这些国家的学校合作联盟,不同的学校可以互相交流学习经验、资源共享,达到优势互补、提高整体竞争力的效果。

这些国家的学校合作机制都非常注重建立完善的合作机制和资源共享机制。在美国学校联合体中,不同学校之间可以共同开设课程、提供师资、共同举办活动等多种形式的合作。而在日本学校合作联盟中,则会进行师生互访、共同研究和资料共享等形式的合作。在韩国学校合作联盟中,则会进行联合研究、双向交流等多方面的合作。

这些国家的学校合作机制取得的成果也是非常显著的。许多联盟成员通过合作得到了更好的教学资源和经验,进一步提高了学校的教学水平。同时,在国际化的趋势下,学生们有机会接触到不同国家的文化和教育方式,培养了更为广阔的视野和更为全面的素质。

国外学校合作机制的成功案例给我们带来了很多启示,尤其是在当前全球化和信息化的大背景下,通过合作互惠互利可以更好地实现资源共享和优势互补,进而提高整体竞争力。

（二）国内学校合作存在的问题

中国的学校合作机制相对宽松的情况下,仍然存在一些不足之处。据观察,以下是主要问题：

1. 合作机制不完善

学校之间缺乏有效的合作机制,导致合作关系比较脆弱,难以在实际的教育教学中实现互惠互利的效果。因此,建立一个更为完善的合作机制是非常必要的。

2. 合作范围局限

目前,学校之间的合作往往只集中在教育教学领域,而在其他领域的合作机制相对较弱。这限制了学校开展更深入的互动和交流,难以全面推进学校的发展。

3. 教师专业素养不高

有些学校教师的专业素养较低,这影响了学校教学质量和学生的发展。因此,要提高教师的专业素养和能力,加强师资培训和教学研究,为学校合作提供更为坚实的基础。

四、未来中小学心理健康教育中学校合作的发展方向

（一）加强国内外学校合作的交流

针对当前中小学心理健康教育的发展,我们应该加强国内外学校合作的交流,借鉴国外学校合作机制的成功经验,提高中小学心理健康教育的质量与水平。在这一方面,我们可以通过组织国内外学校之间的交流会议、研讨会、国际交流学生营等活动,搭建交流平台,加强学校之间的沟通与合作,共同推动中小学心理健康教育的发展。

（二）推动学校联合体的建立

学校联合体是中小学心理健康教育中学校合作的有效途径,可以通过联合体成员的共同努力,加强学校之间的合作交流,提高教育教学质量。为了推动学校联合体的建立,我们可以采取多种措施,比如成立联合体管理委员会,定期开展联合体成员会议等。同时,我们还可以通过搭建联合体在线平台,促进成员之间的信息共享与交流,提高联合体的协同效率。

(三) 推动教育资源共享

教育资源共享是中小学心理健康教育中学校合作的重要手段，可以实现教育资源的充分利用，提高教育教学效率。在这一方面，我们可以通过建立教育资源共享平台、共建实验室等方式，促进学校之间的资源共享。另外，我们还可以通过开展教育育人工作坊、教育公开课等活动，加强学校之间的合作与交流，推动中小学心理健康教育的发展。

五、结论

学校合作是中小学心理健康教育中的重要手段，对提高教育质量和促进教育事业的发展具有重要意义。但是，学校合作也面临着一些困境，如管理、资源、师资力量不足等问题。为了解决这些问题，学校需要采取有效的管理手段，如加强管理、增加资源投入、提高师资水平等。未来，学校合作将呈现多样化、扩大化和提高化的发展趋势，中小学心理健康教育中学校合作的发展前景广阔。可以通过与社区、家长等各方合作，进一步提升学生的心理健康教育水平。同时，学校合作也可以通过引入新的技术手段、制定更加科学的教育模式等来不断提高教育质量和满足学生多元化需求。综上所述，学校合作是中小学心理健康教育中不可或缺的一部分，其虽发展前景广阔，但也需要不断探索和创新，以适应教育发展的新需求。

学校心理健康教育的管理与评估

一、绪论

（一）研究背景和意义

随着社会的不断发展和进步，人们的生活水平不断提高，但与此同时，也带来了更多的压力。特别是在学生这个群体中，由于学业竞争的加剧、人际交往的复杂等问题，许多学生面临心理困扰和压力。因此，关注和关心学生的心理健康问题已越来越受到社会各界的广泛重视。

学校作为学生学习和成长的主要场所和平台，承载着重要的社会责任和使命，应该为学生提供全面的教育和服务。学校心理健康教育作为学生全面发展的重要组成部分，不仅能够帮助学生解决心理问题，提高心理健康水平，而且能够预防和减少心理问题的发生。

因此，学校心理健康教育的管理和评估显得格外重要。学校应该建立健全的心理健康教育管理机制，制订具体的心理健康教育计划和措施，提高师生对心理健康教育的重视和认识。同时，学校应该建立科学的心理健康评估体系，对学生的心理健康水平进行监测和评估，及时发现和解决存在的心理问题，为学生提供更好的心理健康服务和保障。

探究学校心理健康教育的管理和评估具有非常重要的意义和价值，希望能够引起各界的关注和重视，为学生的心理健康提供更好的保障和服务。

（二）研究内容和方法

本文的研究内容和方法主要关注学校心理健康教育的定义、重要性、管理和评估四个方面。

在定义方面，本文对学校心理健康教育进行了概括性的解释，主要强调了心理健康教育对学生身心健康的重要作用。

在重要性方面，本文从学生、教师和学校的角度分别阐述了心理健康教育的重要性。学生在学习、生活和发展中需要健康的心理状态来支持自己的成长,教师则需要关注和了解学生的心理状况,以便更好地教育和引导学生。此外,学校作为学生的第二个家庭,也需要关注学生的心理健康,为他们创造更好的学习和成长环境。

在管理方面,本文提出了完善学校心理健康教育管理的具体措施。这些措施主要包括建立健全的心理健康教育管理制度、培养专业的心理健康教育师资和提供必要的心理健康教育资源等。这些措施旨在提高学校心理健康教育的质量和效果。

在评估方面,本文介绍了学校心理健康教育评估的方法和步骤。评估是学校心理健康教育的重要环节,可以帮助学校了解学生的心理健康教育状况、发现问题和改进措施。本文介绍了常用的评估方法,如问卷调查、访谈、观察等,以及评估的步骤和注意事项。

本文还采用实证研究法,通过问卷调查等方法,收集了学生、教师和家长的意见和反馈,探讨学生的心理健康问题和教育需求,为学校心理健康教育的改进提供参考。

(三) 研究现状

当前,学校心理健康教育已经成为全球范围内研究的焦点。国内外许多学者已经对学校心理健康教育进行了广泛的研究。国内研究的重点主要在于心理健康教育的实践和效果。研究表明,学校心理健康教育可以有效地促进学生的心理健康水平,减少心理障碍和问题的发生。国外研究主要集中在心理健康教育的理论和方法上,包括心理健康教育的内容、形式等方面的研究。但是,学校心理健康教育的管理和评估方面的研究还不够深入。

(四) 研究目的和意义

本文旨在深入探究学校心理健康教育的管理和评估,为学校心理健康教育的实践提供更深入的研究和参考。通过对学校心理健康教育的管理和评估的探讨,我们可以更好地了解如何设计和实施一个有效的学校心理健康教育计划,以提高学生的心理健康水平,减少心理障碍和问题的发生。同时,也为学校管理部门提供一些思路和建议,以促进学校心理健康教育的发展。此外,本文的研究成果还可以为其他相关领域的研究提供一些借鉴和启示,促进心理健康教育领域的发展和进步。

二、学校心理健康教育的定义、内容和目的

(一) 定义

学校心理健康教育是一项非常重要的教育活动。因为心理健康与学生的学习、生活和未来的发展密切相关。学校心理健康教育是指在学校开展的一种教育活动，目的是帮助学生了解心理健康的概念，掌握相关的心理知识和技能，提高心理健康水平，使每个学生都能够健康、快乐地成长。

(二) 内容

学校心理健康教育的内容非常丰富，包括心理健康常识、心理健康教育、心理素质培养、心理调适和心理疾病防治等方面。心理健康常识包括了心理健康的基本概念、心理疾病的预防和治疗等知识。心理健康教育则包括了心理健康教育的目标、方法和效果等方面的知识。心理素质培养则着重于培养学生的自信心、人际交往能力、应变能力等素质。心理调适则是指帮助学生适应各种生活环境，并处理好各种心理问题。心理疾病防治则是指帮助学生预防和治疗各种心理疾病。

(三) 目的

学校心理健康教育的主要目的是帮助学生掌握心理健康知识，提高心理健康水平，促进学生健康成长。通过学校心理健康教育，学生可以更好地了解自己的心理状况，并掌握应对各种心理问题的方法，从而提高学生的自我管理和自我保护能力。同时，学校心理健康教育也可以帮助学生更好地适应校园生活，增强学生的自信心和人际交往能力，促进学生的全面发展。

三、学校心理健康教育的重要性

(一) 学生的角度

从学生的角度来看，学校心理健康教育可以帮助他们获得心理健康知识，提高心理健康水平，在学业和人际关系等方面更好地应对问题，从而提高生活质量。这对于学生的全面发展和成长非常重要。

(二) 教师的角度

教师是学校心理健康教育的重要实施者,通过开展心理健康教育,他们可以更好地了解学生的心理健康状况,提高教育质量,增强教育效果。同时,教师也可以通过学校心理健康教育获得更多的教育技能和知识,提高自身的专业素养,从而更好地服务于学生的发展。

(三) 学校的角度

学校是学生成长的主要场所,承担着重要的社会责任。通过开展心理健康教育,学校可以提高教育质量和声誉,增强社会责任感,向社会证明自己是一所负责任的学校。同时,学校也可以通过心理健康教育帮助学生更好地适应学校生活,增加学生的归属感和自信心,从而提高学生的学习积极性和成就感,促进学生的全面发展。

四、学校心理健康教育的管理

(一) 指导思想

学校心理健康教育的管理应该以学生为核心。学校心理健康教育的目标是促进学生全面健康的成长,这是管理工作的根本目的。在实践中,学校必须以学校心理健康教育工作规划为指导,并以此为基础开展工作,而且要形成全员参与、协同配合的工作机制,以确保工作的顺利进行。此外,持续改进提高工作质量也是我们的要求,不断提高学校心理健康教育的管理水平和质量,以更好地服务于学生的全面成长。

(二) 管理措施

1. 明确学校心理健康教育的目标和内容

学校需要明确心理健康教育的目标和内容,并制订可行的实施计划。这样可以确保教育内容的针对性和有效性。

2. 强化学校心理健康教育的法律责任意识

学校要加强学校心理健康教育工作的法律监督和管理,以强化学校心理健康教育的法律责任意识。这样能够有效地维护学校教育秩序,保障学生的合法权益。

3. 建立学校心理健康教育的实施机制

学校还需要建立学校心理健康教育的实施机制,明确各方面的职责和分工,建立健全完善的监督和评估机制。这样能够确保学校心理健康教育工作的质量和效果,让学生真正受益。

五、学校心理健康教育的评估

学校心理健康教育的评估步骤包括以下五个步骤:

(一)制定评估目标和指标体系

评估前需要制定明确的评估目标和指标体系,以便确保评估的准确性和有效性,并为后续的评估工作提供指导。

(二)收集评估信息

评估过程中需要收集学生的心理健康信息,可以使用多种方法,如问卷调查、实地观察、面谈等。

(三)分析评估结果

评估信息收集后,需要进行数据分析和综合评估,以便更好地理解评估结果。

(四)制定评估报告

评估报告应包括评估目标、方法、结果和建议等,以便为学校提供参考和指导。

(五)实施评估建议

评估报告完成后,需要将建议付诸实践,从而真正改善学生的心理健康状况。

六、结论

本文探讨了学校心理健康教育的定义、重要性、管理和评估四个方面。学校心理健康教育是为了帮助学生解决心理问题、提高心理健康水平而进行的一种教育活动。学校心理健康教育的重要性是从学生、教师和学校的角度来进行分析的。学校心理健康教育的管理需要建立以学生为中心、持续改进的工作机制。学校心理健康教育的评估是为了检验学校心理健康教育工作的效果,旨在为学校心理健康教育的实践提供一些参考和帮助。